フェミニズム・天皇制・歴史認識

Feminism, Emperor System, Recognition of History by Yuko Suzuki

鈴木裕子

インパクト出版会

フェミニズム・天皇制・歴史認識　目次

第一章　フェミニズムと天皇制

第二章　フェミニストと「天皇翼賛」思想

第三章　「慰安婦」問題はまだ終わらない

第四章　歴史認識と植民地責任・戦後責任

第一章

フェミニズムと天皇制

いま、「女性天皇」＝「女帝」論議を考える

いま、なぜ「女性天皇」論議なのか

ここ一、二年来「女性天皇」＝「女帝」論議がかまびすしい。最近にいたっては加速している。なぜなのだろうか。答えははなはだ簡単である。いまの皇太子の次世代に、天皇の「位」を継ぐ後継者がいないからである。天皇制廃止論者のわたくしとしては、ひそかにこのまま「お世継ぎ」が誕生せず、天皇制が「日本国民」の象徴として、安穏に自然のうちになくなることを、以前から願ってやまなかった。それなのに、あと一歩というところまで来て、予想していたように「女性天皇」＝「女帝」論がわっと沸きだした。

いまや、天皇家は、「明治」の皇室典範で決定した、天皇の位を「男系血統の男子」に限るとした「縛り」に自縄自縛され、天皇家始まって以来の「存続の危機」に直面している。近代までの天皇家の生き残り策は、古来から続いた側室（女官）制度である。ちなみに昭和天皇（現天皇の父）の父の大正天皇は、「側室」から生まれた「庶子」であり、その父の明治天皇も「庶子」、

またその父の孝明天皇、その父の仁孝天皇も、いずれも「側室」から生まれた「庶子」である。まさに天皇家にとって、女たちは、天皇の世継ぎを産むための「子産み機械」にすぎなかったのである。女性差別の最たるものは天皇家・天皇制というほかあるまい。

敗戦後、日本国憲法の「男女平等」規定もあり、天皇家でもさすがに側室制度を廃止し、「庶子」が天皇になることもなくなった。しかし、新しい皇室典範でも「世襲」の「男系血統の男子」のみ、皇位を継ぐものとされた。大正天皇には四人の男子、昭和天皇には二人の男子、いまの明仁天皇には二人の男子がそれぞれ誕生し、しばらくは「皇統」の「継承」に支障をきたすことがないように思われていた。つい十五、六年くらい前までは、当時の日本社会党の女性議員たちの「女性天皇も認めるべき」といった類の国会質問に対し、内閣官房長官や宮内庁官僚たちは現行制度が天皇家の「古来からの伝統」だとし、にべもなく「女性天皇」否定の答弁を繰り返していた。

ところが、ここにいたり、前言をあっさり翻し、「女性天皇」＝「女帝」結構・容認の構えで、動き始めたのである。何たるご都合主義であろうか。しかも、よりによって「男女共同参画社会」ののりにのって、男権主義者たちを含め、急に「女性天皇」容認を大合唱し始めた。

女性天皇はいらない！　天皇制はもっといらない！

天皇制とは、女性差別にとどまらず、それ自体、あらゆる日本社会の差別の根源である。加えてアジア諸地域の人びとにとっては、「帝国日本」の「侵略」を象徴する「悪」のシステム以外のなにものでもないだろう。

しかし敗戦後、日本を占領した米国は、対ソ連政策や極東戦略のため、天皇制を温存し、利用するのが得策と考え、昭和天皇の戦争責任を問う国際世論をも押し切って、「象徴天皇制」へと衣替えさせた。責任をとるべき最高の責任者・昭和天皇が一切の責任を免責され、その地位に留まったことは、「日本国民」の戦争責任への痛苦な反省を怠らす大きな原因をなした。

戦前・戦中の八十年余、天皇制に呪縛されつづけてきた「日本国民」は、アメリカ占領軍と天皇側近グループの合作でつくられた「象徴天皇制」下の「民主主義」を疑問なく受け入れた。

自分たち民衆がほかならぬ天皇制国家によって基本的人権を蹂躙されていたとの自覚や悔しさの意識も生まれず、アジア民衆に対して日本帝国が植民・侵略したのに自らも加担させられていたという認識ももつことなく今日にいたった。そうであるからこそ、日本軍「慰安婦」制度の被害者をはじめ、アジアの戦争犠牲者・被害者が最後の声を絞って、日本政府に公的責任を求める訴えにも大部分の日本民衆は意にも介さないのであろう。残念ながら敗戦六十年を経ようとしているいまも日本民衆は、いまだに「天皇制の呪縛」に囚われつづけている。

振り返ってみると、わがフェミニズム陣営の大方も、敗戦後一貫して天皇制の問題を回避してきた。女性に子産みを強制し、「家」に閉じ込める性役割を強制する「家制度」の権化として天皇制が存在する一面のみをとっても、性差別装置以外のなにものでもない天皇制に明確な反対の声を挙げてこられなかったことを、フェミニズム史学者の一人としてわたくしは歯噛みする思いである。

いままた「男女共同参画」の掛け声のもとに、ご都合主義的に「女性天皇」＝「女帝」で、差別と抑圧・侵略の根源でありつづけている天皇制の延命を画策する支配層やイデオローグたちに対して、わたくしたちフェミニストは、いまこそ声を大にしてこう言いたい。「女性天皇はいらない！　天皇制はもっといらない！」。

［初出・『週刊新社会』二〇〇五年四月十二日号］

女性天皇、何が問題なのか
問題の本質は、天皇制の存否である

「有識者会議」、「最初に結論ありき」の機関

二〇〇五年十月二十五日、新聞報道によると、小泉首相（当時）の私的諮問機関「皇室典範に関する有識者会議」は、女性が天皇になることや、母方だけに天皇の血筋を引く女系天皇を容認することを全会一致で決めた。皇位継承順位は男女を問わない「第一子優先」の方向で集約し、十一月末に報告書を首相に答申する。小泉首相は、同日、天皇を「男系男子」に限る皇室典範の改正案を来年の通常国会に提出する考えを表明した、という。

右のような「有識者会議」の決定は、最初から予想されていたことである。現行皇室典範ではおよそ半世紀後、後継者がいなくなり、天皇制そのものが廃絶の憂き目にあう。だから何が何でも世継ぎを確保する必要に天皇制保持者はなりふりかまわず突進した。右のような意向を受け、「有識者会議」は発足し、最初から「結論ありき」で、小泉政府のお手先を務めたといっても過言ではない。一年たらずで答申＝結論を出すこと自体がそのことを物語っている。

象徴天皇制の存否そのものが問われるべきである

日本国憲法は、第一条で「天皇は、日本国の象徴であり日本国民統合の象徴であって、この地位は、主権の存する日本国民の総意に基づく」とあり、「日本国民」の「総意」があってこそ、その地位・存在が決定されると明示している。ところが小泉政府や「有識者会議」は、「国民の総意」を問うという最低限の手続きさえ踏まずに、象徴天皇制の存続を所与の前提としている。二〇〇五年七月に「有識者会議」は「論点整理」として「象徴天皇制は日本の最も基本的な制度で、安定的な皇位の継承は国家の基本に関わる」と規定した(『毎日新聞』二〇〇五年七月二十日付)のも「国民不在」のうちに勝手に位置づけられたものである。

一条から八条の「天皇条項」は、日本国憲法が謳う平等原理と背馳するもので、削除すべきと、本来、わたくしは考えるが、百歩譲っても、この憲法に規定される条件での「皇位継承者」が存在しなくなったときは、天皇制は廃絶されるべきではないだろうか。廃絶させることも「国民の総意」の選択肢の一つであることをメディアは書くべきではないか。

日米軍事同盟強化と自民党新憲法案の「象徴天皇制の維持」

折しもこの十月下旬、立て続けに日本の針路を大きく変える重大事が発表された。まず二十八日、自由民主党が新憲法草案を決定、翌二十九日には日米の外務・防衛担当閣僚による日米安全保障協議委員会（2プラス2）が、在日米軍再編に関する「中間報告」を発表した。前者は、現行憲法の第九条第二項の「戦争放棄条項」を削除し、新たに「自衛軍」を創設し、名実ともに自衛隊の軍隊化、海外派兵（武力侵略）の項目を付け加えた。「中間報告」では、自衛隊の強化とともに、日本における米軍機能の再編・強化、もっと直截にいうなら、日本と米国との軍事同盟強化＝日本の「軍事的属国化」をさらに進めるものである。

自民党の新憲法案の前文は、現行憲法の平和主義・主権在民主義・基本的人権の尊重を謳う格調高さとは様変わりし、事実上、「国民」に愛国心を義務づけている。ここでは特に前文第二節の最初に注目したい。すなわち自民案には「象徴天皇制は、これを維持する」とあり、天皇制の存在を自明のものとして規定づけ、主権者である「国民」の意思を最初から無視している。

象徴天皇・昭和天皇は日米軍事同盟の構築に深く関与

敗戦後つくられた象徴天皇制は、日米支配層の政治的思惑が一致して合作された制度であった。ここでは多くを述べられないが、米軍の極東戦略・政策で要石の沖縄を米国にいち早くアメリカによる沖縄の軍事占領が、日本に主権を残存させた形ですなわち二五年から五〇年あるいはそれ以上にわたる長期の貸与（リース）というフィクションのもとでおこなわれることを求める」という、沖縄を事実上、「売り渡す」意思を示したのは、現天皇の父、昭和天皇であった（「天皇メッセージ」一九四七年九月）。また五〇年六月のダレス米国特使が講和問題で来日した折、「日本全土の米軍基地化の可能性」の秘密メッセージを渡し、ダレスの日本全土米軍基地化案を後押しした。その動機は、当時ソ連でハバロフスク裁判（七三一細菌戦部隊の戦犯裁判）が開廷され、天皇が証人として喚問されるのを米国政府に抑えてもらうためと推測されている。五五年に鳩山内閣の外相に就任した重光葵外相が天皇を訪ね、訪米の目的を説明すると「駐留軍〔米軍〕の撤退は不可なり」と述べて、米軍の駐留を引き続き強く主張した（以上について詳しくは豊下楢彦『安保条約の成立――吉田外交と天皇外交――』岩波新書、一九九六年、松尾尊兊『戦後日本の出発』岩波書店、二〇〇二年、伊藤成彦『東北アジア平和共同体に向けて――今こそ、日米安保体制の転換を』御茶の水書房、二〇〇五年、など参照）。これらから容易に分かることは、「象徴天皇」になった昭和天皇が自らの戦争責任を棚上げしたばかりでなく、自己の保身のために一貫して動き、米軍を自分を守る「近衛兵」のごとく考え、日米安保条約＝軍事同盟関係の構築に深くコミットしたことである。

昭和天皇は、日本国憲法に定められた「象徴天皇」という役割を逸脱、あたかも「君主」として振るまい、道義的にも主権者たる「国民」に対し背信的な行為をおこなっていたのである。こうした「象徴天皇制」の歴史や天皇制そのものの存在を問うことが、現在の「女性天皇」論議からすっぽり抜け落ちているのは不思議である。

〔初出・『週刊新社会』十一月十五日号・十一月二十二日号〕

止まらない「靖国」妄言とジェンダーバッシング・戦争国家づくり

ついにここまで来たかの感を強くする。一つは麻生太郎外相の「靖国」発言ともう一つは社会学者で東京大学大学院教授・上野千鶴子氏の「講演拒否」事件である。上野氏の講演拒否事件については、すでに一般紙が多数報道しているのでご存じの読者も多いであろう。要するに東京・国分寺市が都の委託で計画していた人権講座で上野氏を基調講演の講師に招こうとしたところ、都の教育庁が「ジェンダーフリーに対する都の見解に合わない」と拒否をし、人権講座そのものが取りやめになった事件である（『毎日新聞』二〇〇六年一月十日）。

日の丸・君が代問題にみられるように、石原知事が君臨する東京都の教育行政当局の強権ぶりをあらためてみせつけられる思いである。学校教育の域を超えて社会教育の場においても直接介入が本格的に開始されたという感も強くする。否、事態はもっと深刻であろう。社会教育の場において「天皇制」や「反戦平和」などのテーマを取り扱うことは限りなく困難になっている。いや事実上、締め出しを食っているといえよう。それに止めをさすように「ジェンダー」や「フェミニズム」があらたに加わったともみることができよう。

あらためていうまでもなくここ数年来、ジェンダーやフェミニズムに対する攻撃が強まっている。憲法二十四条の改悪と、それとセットの「女らしさ、男らしさ」の強調、「家族・家庭の再興」、はては「夫権・父権」の復権など保守・復古派の声は肥大化している。

ジェンダーやフェミニズムへのバッシングと軌を一にするかのように侵略戦争の正当性を認知・浸透させようとする権力者の発言もいよいよ露骨になっている。二〇〇六年一月二十八日、麻生太郎外相が小泉首相（当時）の「靖国」参拝に関連して、戦死した「英霊」は「天皇陛下万歳」といって亡くなったのだから「天皇の参拝が一番」だと言い切った。小泉首相が侵略戦争肯定の戦争観（靖国神社の軍事博物館・遊就館に体現されている）にたつ靖国神社を参拝することについての問題点を糾され、苦し紛れに「靖国」の戦争観と自分の参拝は別問題といって「逃げの姿勢」を打ったのとは対象的に、麻生氏ははっきりと侵略戦争を肯定し、参拝を天皇に求めたのである。破廉恥を知らない首相といえども立場上ここまでは言えないので、外相が代って「率直に」吐露したとも受け取れる。

一見して別問題のような報道のされ方で、わたくしたちはとかく目を眩まされそうになりがちだが、一連の事態のうらには着々と進む戦争国家づくりが反映されているといえよう。


［初出・『週刊新社会』二〇〇六年二月十四日号］

「家庭の教育力の回復」って何ですか？

遠山文科相への手紙

遠山敦子さま。文教行政の長であるあなたにはまことに失礼とは存じますが、次の文章をご存じでしょうか。

国運の隆替風教の振否はもとより学校教育、社会教育に負う所大なりといえども、これが根帯をなすものは実に家庭教育なり。〔中略〕今日ややもすれば放縦《ほうじゅう》に流れ、詭激《きげき》に傾かんとする風あるは、家庭教育の不振これが重要原因をなすものにして、国民の深く省慮すべき所なり。〔中略〕此の時にあたり我が邦固有の美風を振起して、家庭教育の本義を発揚し、更に文化の進運に適応して、家庭生活の改善を図るはただに教化を醇厚《じゅんこう》にするゆえんなるのみならず、また実に国運を伸張するの要訣《ようけつ》たるを疑わず。〔家庭教育は〕とくに婦人の責任重かつ大なるものあり、従ってこの教育の振興はまづ婦人団体の奮励を促し、これを通じて一般婦人の自覚を喚起するを主眼とす。〔後略〕

（文部大臣訓令「家庭教育振興ノ件」一九三〇年十二月二十三日。なお原文はカタカナ、句読点なし。引用に際し、現代かなづかいを用い、漢字を一部ひらがなに改めた）

ここ数年、あなた方は、「家庭」をターゲットに教育の国家主義化、国家統制を巧妙かつ急速に図っていますね。「子育て支援」とか、時代の要請に応えるような装いを凝らして一歩一歩、「家庭」の国家統制を巧みにリードしています。「家庭の教育力の充実等のための社会教育行政の体制整備について（報告）」（生涯学習審議会・社会教育分科審議会報告、二〇〇〇年十一月）、教育改革国民会議報告（二〇〇〇年十二月）、社会教育法一部「改正」（二〇〇一年六月）、中央教育審議会中間報告（二〇〇二年十一月）など着実にコマを進めているのは、あっぱれな戦略です。あなた方は、実に歴史をよく学んでいらっしゃいますね。さきほど冒頭に掲げた「文部大臣訓令」をご存じないはずがありません。「放縦」や「詭激」の風をすべて「家庭」や「国民」の責任に帰し、だから「国家」が「家庭」や「国民」の「思想善導」（当時、よく使われた言葉でしたね）に乗り出すのだ、ということを、まことに率直に（というより露骨そのものですが）「訓示」しています。しかし今のあなた方はもっとお上手にかつソフトタッチで「家庭」の「国家」への取り込みを浸透させようとしています。そのキーワードは、「家庭の教育の回復、学校・家庭・地域社会の連携・協力の推進」（中教審中間報告）です。国や地方公共団体が、「家庭教育手帳」とか「家庭教育ノート」（「心のノート」の家庭版?!）を配布し、「家庭教育」のあり方、指針を示し

（教育改革国民会議報告）、人びとの頭を国家本位の思想へと「善導」＝統制していく。「善導」のにない手（中間層）としてボランティアという名の地域の「リーダー層」を配置し（「家庭の教育力の充実などのための社会教育行政の体制整備について（報告）」）、監視の役目も担当させる、というのが、いま、あなた方が描かれている「家庭教育戦略」なのでしょう。

「家庭」を「国家戦略としての教育」（中教審中間報告）にはめ込むための、まことに用意周到な「戦略」に脱帽！　でも、この小文を読んでくださっている本誌（『教育評論』）の皆さん、これは戦争への「いつか来た道」です。

［付記］遠山敦子氏は、一九六二年旧文部省入省。高等教育局長、女性初の文化庁長官などを歴任、退職後、トルコ大使などを経て、二〇〇一年小泉内閣で文科相に就任、二〇〇三年まで務める。

［初出・『教育評論』二〇〇三年五月号］

秋篠宮妃の「懐妊」報道をめぐって

これって猥褻で、女性差別、身分差別の垂れ流しではないの？

二〇〇六年二月七日、秋篠宮妃紀子さんの第三子妊娠が発表されると、メディアは、テレビも新聞も一斉に「ご懐妊」報道一色に染まった。耐震偽装問題、ライブドアスキャンダルなど連日取り上げられていた報道も一時は埋没した。第三子出産まで、この喧騒が続くと思うと実にやりきれない思いがする。官房長官はじめ政治家たちはこの「懐妊」を「ご慶事」と呼び、普通の庶民には絶対使わぬ言葉を何度も用い、あたかも今度の「ご懐妊」が「国家」にとって「奉祝」すべく「国民」すべてがこれを「寿ぐ」ように誘導するかの感が免れない。

本来、結婚や妊娠・出産は、当事者のプライベートな問題に属する。ましてや生まれてくる赤ちゃんが女の子であるか、男の子であるか、他人があれこれ忖度《そんたく》すべき筋合いのものではない。それなのにわずか六週間を経過しただけで、「お腹」のなかの子が女であるか男であるか、大騒ぎに詮索されている。ひとりの女性のお腹のなかを覗くかのような、この騒ぎは、考えてみればとても猥褻《わいせつ》的である。

あるテレビのインタビューに国会議員が「男の子だったら、うれしいなと思っています」と当たり前のごとく答えていた。この議員は、日本が国連の「女性差別撤廃条約」の批准国であるのをすでにお忘れなのだろうか。子どもは女の子であろうと男の子であろうと等しく歓迎されてこの世に迎えられるべきものである。

いま、秋篠宮妃の妊娠をめぐっておこなわれている洪水のような報道は、事実上、女性を貶め、性差別主義を撒き散らし、本来は当事者の手中にある、性や生殖における「自己決定権」を無視するものである。

それとも「万世一系」の皇室の伝統（「男系男子血統」）がかかっているのだから、天皇家の女性たちには右に述べたようなものとは関係なく、男子の皇位継承者をひたすら生み続けるのが義務だともいうのだろうか。「皇室の伝統」は、歴代の天皇の過半が庶子（婚外子）であって、一夫多妻の側室制度によって継続されてきたことについては多言を要すまい。敗戦後、「庶出天皇」こそ廃止されたものの、今回のメディアや政治家たちの相も変わらぬ男子優先、女性の子産み機械、世襲制を少しも疑わぬ言説を目の当たりにして、やはり天皇制度は、女性を貶め、「世襲」という名で、生まれつき人間を「貴種」とそうでないものとに分ける身分差別を体現するグロテスクなシステムというほかないものであることが確認できる。

［初出・『週刊新社会』二〇〇六年二月二十一日号］

笑止千万な昭和天皇「靖国メモ」

二〇〇六年七月二〇日、昭和天皇が靖国神社の「A級戦犯合祀」に不快感を表明していたという、元宮内庁長官富田朝彦のメモが公表されるや、マスコミは大騒ぎとなっている。

しかし、それらのほとんどが、無視していることがある。スペースの関係で一点のみ述べてみる。彼がA級戦犯の「上官」（陸海軍大元帥）であったという、消すことの出来ない歴史的事実である。

靖国神社は戦前戦中、まさに「天皇の神社」として、若者を死へと誘った。特攻隊員など絶対、助かるはずのない若者たちが、死の恐怖のまえになんとか自分を納得させるため、「お国のために」「天皇陛下のために」といいきかせ、「靖国で会おう」と互いに励ましあって死地に赴いたのである。

靖国神社は、戦前戦中、国家神道の中心施設として、陸海軍が管理し、合祀対象者も陸海軍が選定し、最終的には天皇が決めた。まさに天皇の、天皇のための、天皇による「戦争神社」であったのである。

その昔の一八八二年、明治天皇が陸海軍軍人に「賜った」、いわゆる「軍人勅諭」に「朕は汝ら軍人の大元帥なるぞ」の有名な言葉とともに「義は山嶽よりも重く、死は鴻毛よりも軽しと覚悟せよ」という一節があり、天皇への忠義を第一に説いた。

先の十五年戦争・アジア太平洋戦争でも、まさに「特攻隊員」の存在が象徴するように、また南方戦線などでもニューギニアなど大量の「飢え死に」した日本軍兵士の「死」が物語るように、「日本国民」（植民地下にあった朝鮮人、台湾人も含む）は、天皇のための「戦争」の「消耗品扱い」であったのである。彼らは、天皇の戦争の被害者であり、かつアジア太平洋における「侵略戦争」の加害者であった。

右に述べたような事実を隠蔽させるマインド・コントロールの装置が天皇の神社・靖国神社であった。その意味で「靖国」問題は、日本人の戦争・戦後責任を厳しく問われる問題なのである。

先の「メモ」から、うかがわれるのは、昭和天皇の「靖国」の「祭主」気分が戦前・戦中と断絶されていないという印象である。「汝、臣民よ。朕が祭ってやるから、また戦争が起ったならば、汝、臣民よ。忠義のために命を捧げよ」という声が耳元で囁いているような気がする。

［初出・『週刊新社会』二〇〇六年八月二十二日号］

「ロイヤルベビー」誕生考

常軌を逸する「ロイヤルベビー」報道

二〇〇六年九月六日、天皇家の次男の秋篠宮一家に第三子が誕生しました。赤ちゃんの誕生は、一般的にいって喜ばしいものでしょう。この世に生を享けた誰もが歓迎されて迎えられることをわたくしは切に望むものです。

しかし、秋篠宮一家のこのたびの男児出産のマスメディアの取り上げ方は「特別扱い」ではなはだ常軌を逸するものでした。

それは何故だからでしょうか。将来、皇位継承要員であり、現行の皇室典範では、徳仁皇太子、秋篠宮文仁さんに続く、皇位継承第三位の地位を約束される存在にほかならないからです。天皇家に生まれた男児というだけで、なにもわからない赤子時代から「特別扱い」されるなんておかしいと思いませんか。

生まれたばかりの子どもには、そんなことはもちろんわかりはしません。まわりの大人が騒いでいるのに過ぎないかもしれませんが、こうした一人の「べビー」誕生がなぜこんなに大騒ぎされるのか考えてみたいと思います。

天皇家を支え続けた「側室制度」

古代からの天皇家の歴史をひもとくと、すでに知られているようにいくどもの王朝（たとえば継体朝など）交代がありながら、なぜ天皇制そのものが生きながらえたのでしょうか。それは端的にいうとやはり「側室制度」の問題抜きには考えられません。また、藤原氏のように自ら権勢を振るうために娘たちを次々と皇太子や天皇の妃、さらに皇太后にした例もあります。要するに、天皇家との抱え合う関係、抱合関係もあげられます。藤原氏はそれによって、その後の「五摂家」（近衛、九条、鷹司、一条、二条）をつくり、天皇家と縁戚つづきとなり、天皇の候輔者がいなくなると、この一族からまた天皇を送り出してきました。「平安朝」以降はそれが続き、近代までこの関係は続きます。

側室制度については、たとえば嵯峨天皇などは多くの妻妾を擁し、五十人くらいの子どもがいたそうです。その父で、「平安京」を造った桓武天皇はわかっているだけでも三十二人の「妻妾」を抱えて暮らしました。

この側室制度は前にも述べましたように近代まで続いています。昭和天皇の祖父である明治天皇の親は孝明天皇、孝明天皇の前が仁孝天皇。仁孝も孝明も明治も大正天皇（昭和天皇の父）もすべて「庶子」で、「女官」たちから生まれました。大正天皇は、生母が公家の娘で「宮中」に「奉仕」していた柳原愛子《なるこ》というひとでしたが、生母からはすぐに引き離され、だいぶ大きくなるまで、明治天皇の皇后美子《はるこ》（昭憲皇太后）の実子であると思い、自分が側室から生まれた子と知ったとき、大きなショックを受けたといわれています。

このように天皇家が保たれてきた大きな理由のひとつはこの側室制度（「お局《つぼね》制度」ともいいました）があったからです。戦前までの皇室典範（「明治皇室典範」）は、この側室制度を認めていました。しかしさすがに戦後の日本国憲法の男女平等規定のなかでの「新皇室典範」では、側室制度は盛り込めなかったのです。いま、「男系男子」の後継問題が浮上するのは、側室制度がなくなったことも一因にあげられるでしょう。

「側室制度」をふつうの言葉にいいかえますと「一夫多妻制」です。「一夫多妻制」はいうまでもなく、女性差別の最たるものです。「家」の後継ぎを絶やさないため、多くの妻妾を抱えることを正当化した「制度」です。妻妾の役割は、「夫」の身の回りの世話をやく一方、男性への「性の快楽」と、その男性の「後継ぎ」を得させるための「生殖機械」にほかなりません。

天皇家は、いま側室制度こそなくなったものの、ごく簡単にいうと、皇族妃たち、皇室の女性たちは、天皇家存続のための「生殖要員」であることは基本的には変わっていません。今回の「ロイヤルベビー」報道は図らずもそのことをあらわにわたくしたちの目に焼き付けてくれました。また結婚当初はあれほど生き生きして「華」のあった雅子さんが、「男子」を生まないとバッシングされ、ついには（天皇家への）いわゆる「適応障害」に陥ってしまったのではないでしょうか。天皇家から早くお去らばすれば意外に早く治るはずかなと思いますが、そうした選択がなかなか取れないのは、やはり「天皇家」の「天皇家」たるゆえんかもしれません。

「雅子さん問題」をはじめ、マスコミが天皇家の「お世継ぎ」報道に躍起になり、とくに女性皇族たちを登場させ、華やいだ「天皇家」づくりに協力し、天皇家が女性差別を再生産させるシステムでありながら、その本質に蓋をし続ける片棒を果たしているのは何故なのかじっくり考えたいものです。

戦争国家への利用価値

これから再び、天皇家への敬愛心や愛国心などが教育のなかで叫ばれる時代になりつつあります。「お上」に対して、国家に対して、天皇に対して、疑問を持たせず、忠誠を誓うような子どもをつくるためには、まず現在の教育基本法は邪魔になる。国にとって都合のよい人間をつくり、戦争国家、日米軍備再編強化へとつなげるには、権力者・支配エリート層にとっては天皇制はまだまだ利用価値が大きいのだと思います。彼らや彼女らが、つくられたとはいえ「微笑み」をもって、手を振れば、それに感激してしまう「日本国民」の心性・感性はまだまだ強固に根付いています。なぜか「貴種」（本当はそんなものがあろうはずがありません）に対して膝まずき、拝んでしまうような「現人神」天皇の幻想も健在しています。

「明治」以来、天皇家にまつわる「神話」や「美談」はたくさん増産されつづけてきました。そして、今日にいたっても「神話」「美談」は、マスメディアを駆使してつくられつづけています。しかし、神話はいつか崩れるものです。敗戦前後につくられた昭和天皇の「平和愛好神話」を例にとっても、最近になって歴史研究者たちによって次々と暴かれてきたように「神話」はやがて剥がされるものです。敗戦直後の四五年九月のマッカーサーとの第一回会見はまさに似非「平和愛好神話」の出発点でありましたが、実際の昭和天皇の言行録・活動録のすべてが全面公開されるべきです。なぜなら彼は少なくとも敗戦までは「私人」ではなく、唯一の「主権者」として絶対権力を発揮してきた「大政治家」「大元帥」「大司法官」だったのです。全面公開されたとき、神話は崩れ、「人のうえに人をつくる」天皇制は、わたくしたちの心や感性のなかで相対化され、廃絶への道に向かうことを念じています。

天皇家の人びとは、時の権力者に都合よく利用されないように普通の市民になり、きちんと働いて税金を払い、参政権、職業の自由、行動の自由をも得た方がいいでしょう。そうして古代からつづく皇族同士の「骨肉の争い」(壬申の乱など)を含め、近現代にいたる天皇教の「皇国臣民」に対する「マインドコントロール」などの歴史を再現する博物館でもつくったらいかがでしょうか。

もうそろそろ天皇制には博物館に入ってもらうのがよいと思いますが、読者の皆さんはどうお考えでしょうか。

[初出・『科学的社会主義』二〇〇六年十月号]

雅子さん、徳仁さん、皇族をやめてみませんか。

雅子さん、あなたがオランダ王室の人びととくつろいでいる写真を新聞で拝見しました。あなた本来の笑顔が戻ってきたのでしょうか、傍にいた愛子ちゃんもお母さんの笑みを感じてでしょうか、子どもらしい無邪気な嬉しさが表情に溢れていたように見受けられました。

さて、ごく最近、あなたの「一族」の女性、世間並みにいうとお連れ合いの弟のお連れ合いにあたりますから、義妹になりますね。その方が第三子の男児を出産しました。マスコミはまた例によって大騒ぎしていますが、あなたが愛子ちゃんを出産なさったときよりは、盛り上がっていないように感じます。

とはいえ、ふだんから「男系男子」に固執していた男権派の「おじさん」（失礼）たちは、これで「皇統の伝統」が守れると大喜び、義弟・義妹夫婦がかつて通っていた某大学周辺の地元住民の「おばさん」（これも失礼）たちが揃いの着物の裾をからげて「かっぽれ」を踊っていたとか、テレビでは、男児出産のその当日、地元の園児たちがかり出されたのだと思いますが、大きな鯉のぼりがあげられ、あたかもその園児たちが「祝意」を示しているようにアレンジされていました。三、四歳の幼児たちに「皇室のご慶事」などという単語はないはずですもの、明らかに大人たちが仕掛けたものですね。

ことし二〇〇六年二月はじめ、義妹の方の「ご懐妊」発表以来、本来は私事であるべきその義妹夫婦の「妊娠・出産」がクローズアップされてきました。あなた方「一族」の「憲法」ともいうべき「皇室典範」は、行き詰まった皇位継承問題を「解決」するため「男系男子」に限るという規定を変更すべく、そのための首相直属の「有識者会議」を設けて、昨年（二〇〇五年）十一月、「女系・女性天皇」も認めるという答申を出したばかりでした。それが「懐妊」発表以降、ピタリと静止し、ひたすら「親王」誕生待ちの沈黙状態になっていました。

さてこのたびの「出産劇」であらためて痛感させられたことですが、あなた方、皇族の女性は、基本的に「皇統の伝統」を継ぐべき男児の、失礼ながら「子産み機械」視されていることです。要するに、女性には生と性の自己決定権がなく、一族の長（いうまでもなく天皇のことです）が率いる「男権家父長制大家族」の一員として、定められた役割を果たすしか与えられていないのです。

あなたの「誤算」は、この「一族」の仲間入りをしたとき、「後継ぎ」を産むということがあなたの最大の任務であり、あなたのキャリアとか、教養、能力など二の次、三の次、あるいはそれ以下の問題だったことに気づかなかったことです。「一族」やその取り巻きたちが「男児」を出産しないあなたを直接間接にバッシングして、そのためあなたがこの「一族」や取り巻きたちに対し、「適応障害」に陥ったのは当然といえば当然です。

さて、この拙い文章の結論を申しあげます。あなたは実力もあり、並外れた能力もお持ちだろうと思います。幸い夫婦仲もお宜しいように見受けられますので、お連れ合いともども皇族をおやめになって、一家三人で別天地にお暮らしになったらいかがでしょうか。そうすれば長年にわたる病も癒されるのではないでしょうか。病気の「原因」を断ち切れるのですから、すぐ良くなるはずです。

［初出・『週刊新社会』二〇〇六年九月十三日号］

アメリカに懇願することで生き延びた象徴天皇

「天皇有罪」の歴史的意義

いま、主催者あいさつのなかで天野恵一さんが、現在の日本の政治のあり方は「右翼的な価値観からしても『国辱的』だと思う」とおっしゃいました。わたくしも、これに似たような言葉を使いますと、昭和天皇の戦後というのは、まさに「売国奴」として出発したように思います。今日は、その点について、お話ししたいと思いますが、その前に、女性国際戦犯法廷（日本軍性奴隷制を裁く女性国際戦犯法廷）の意義ということについてお話ししたいと思います。この法廷で天皇有罪の判決が出されたことの意義ということですね。

一部の歴史学者、たとえば井上清さんなどは早くから昭和天皇の戦争責任を言ってらっしゃいました。それに続く方がたもたくさんいらっしゃいましたが、しかしそれはあくまでも学問の中のことで、ある程度許される範囲内での研究という域をなかなか出られなかったと思います。それが二〇〇〇年十二月に東京で開かれた「日本軍性奴隷制を裁く女性国際戦犯法廷」において、ある程度突破されたのではないかと、わたくしは考えております。

この法廷をつくったのは、元「慰安婦」、性奴隷とされた被害者の方がたです。そして、それに各地域の支援者が一緒になってやりました。

これは草の根の市民、女性運動の力でつくり上げられたものですが、マスコミなどでいわゆる「フェミニスト」と呼ばれる方がたの参加は、少なかったようです。亡くなった松井やよりさんを中心に、法廷準備の短い期間に、天皇制についてのプロジェクト――ひそかにHプロジェクトというふうに呼んでいました――で、いろんな専門家をお呼びしたり、あるいは意見書を書くというような作業を通して、天皇が有罪であることの事実認識を深めていきました。その上に、二〇〇〇年十二月の女性国際戦犯法廷と、翌年のハーグ最終判決で、天皇有罪の判断が最終的に下されたわけです。松井さんたちや、あるいは韓国の尹貞玉《ユンジョンオク》先生たちの必死のお働き、そして草の根の多くの女性たちの活躍が、判事たちに天皇有罪の判決を書かしめたと言ってもいいと思います。つまり、天皇は中核的な被告人であっていわゆるロボットではなかった、軍事的事情に通暁していた責任者であった。彼は、日本の犯罪の事実について、たとえ具体的に知らなかったとしても責任がある。知っていて、それをやめさせることをしなかったとすれば、その責任がある。むしろ、知るべきであったしそれを止めるべき責任があったという、そういう認定によって天皇有罪が明確に出されたわけです。

日本のマスコミの取り扱いは、大変ひどいものでした。『朝日新聞』がわずかに「昭和天皇有罪」という見出しを付けた記事を出しましたが、大手メディアでは核心に触れることは伏せられて報道されていたと思います。

しかし外国、たとえば韓国などでは、真っ正面から天皇の戦争責任というものを認めたということで、大きく取り上げられました。

考えてみますと、昭和天皇の時代というのは、いろいろなことがありました。戦争だけではありません。彼が摂政になったのは一九二一年ですね。ちょうど二十歳のときです。以後、一九八九年一月七日に死去するまで、六十数年にわたって、たぶん彼の気持ちでは一貫して君主、神の末裔としてガバメントした、統治したのではなかったろうかと思います。

一九二六年に大正天皇が死去して、摂政時代、天皇になる直前におこなったことは、治安維持法の公布でした。男子に対するいわゆる普通選挙権と同時に公布されたものです。労働者や農民の政治運動を一定程度認めるかわりに、治安維持法でしっかりと縛りつけるものです。治安維持法は三年後に緊急勅令によって、最高刑が死刑にまで引き上げられました。そして、全国的に特別高等警察（特高）を設置しました。この年、一九二八年には昭和天皇の即位式がおこなわれています。

対外的には、その前年、一九二七年に田中義一内閣のもとで、中国の山東省を侵略します。そして一九三一年の「満州事変」、三三年の国際連盟からの脱退、三六年の二・二六事件、三七年の「支那事変」と続きます。こういうなかで、まさに戦う天皇として、絶大な権力――司法、行政、立法にわたる絶大な権力——と、軍隊を指揮統帥する大元帥としての力を、一九四五年の八月十五日まで保持し続けました。いろいろ細かく言わなくても、彼が戦争に対して最大の責任者であるということは明らかなわけですね。

しかし、その当たり前のことが、敗戦の時点で日本の「国民」に認識されていたかと言いますと、残念ながらそうではなかったと思います。

ひとつは非常に長い間、天皇教のマインドコントロールによって、天皇崇拝の頭につくられていったということと、やはりメディアの果たした役割が大きかったと思います。

一九四五年八月十五日の「玉音放送」、つまり敗戦の「詔勅」が出されたことで、この日の新聞は夕刻に出ました。一日に一回、それも一面と二面の一枚だけの新聞という時代です。八月十五日当日の各紙の一面に大きく、いわゆる敗戦の詔勅が掲載されております。この敗戦の詔勅には、自分が悪かったというような言葉はありません。太平のために心ならずも戦争をやめるが、おまえたち臣民は、自分の言うことをよく聞け、ということで終わっております。

新聞は、この天皇の思し召しをありがたく受けろと社説などに書いています。戦争中「承詔必謹」ということが盛んに言われましたけれども、そのままの同じ言葉で、説教を垂れているわけです。つまりこの時点で、すでに歴史は歪曲されているわけですね。

昭和天皇の戦争責任というものについて、メディアは一切報じなかった。それが基本的にいままで続いてきたわけです。わたくしは一応、女性史研究を専攻していますけれども、女性史の中でも、この天皇制批判というのはあまりなされてこなかったと思います。

日本共産党系の女性史研究者の方がたを含めて、あまりやられていません。それはなぜかということを、わたくしはずっと考えてきました。フェミニズムをどのように定義するかはともかくとして、戦前のフェミニストたち、たとえば平塚らいてう、市川房枝、高群逸枝、高良とみといった人びとは、天皇を翼賛した歴史を持っているわけですね。

すでにご存じのことかもしれませんが、ちょっとご紹介いたしますと、平塚らいてうは一九四〇年に、「現人神にまします天皇を戴き、万民の心が常に天皇を中心として、いつ、いかなる場合にも立ちどころに帰一し奉ることのできる国に生まれたことの幸福」。「天照大御神にその生き通しでいられる天皇に絶対帰一し奉ること、これがすべての新体制の根基ではないか」などと述べています。また市川房枝は、一九四一年「私共は『みたみ』〔御民われの御民〕として翼賛の臣道を実践すべきである」。「私共はひるむ心に鞭うち、私共としてなすべき翼賛運動に挺身しようではないか」と述べています。また、女性史研究家で、その前はアナキストの女性運動家でもありました高群逸枝は、一九四四年「わが『たをやめ』は家族心を生命としており、世界の家族化を願望してやまない。しかるにそれを阻害するものに対してわが聖戦はおこされるのであるから、戦争は積極的に女性のものといってよい。わが子、わが夫、わが弟を励まし、打ち勝たせずにはやまぬ女性の意志がここにある」などと書いています。きりがないのでやめますけれども、こういうふうに非常にたくさんの女性思想家や、フェミニスト、運動家たちが、一九三七年の日中戦争以降、戦争協力、天皇翼賛の立場をとり、積極的に動くといったことが、たくさんあったわけです。

この市川さんや平塚さんたちが、戦後、平和運動や、また女性の地位向上運動などに邁進されました。平塚らいてうは、戦後、日本共産党系の女性組織（新日本婦人の会）の代表委員をやったというようなこともあります。そういうことがあるので、彼女たちの、そういう歴史的な負の側面を、女性史研究でもほとんど批判できずにきたわけですね。しかし、それを批判できないことで、結局、天皇制をも批判できないような構図になってしまったんだと思います。

実際、戦後の女性運動は、特別なものを除けば、たいがいは天皇制批判のスタンスを明確にとりませんでした。ある意味では、戦前の「帝国のフェミニズム」ともいうべきものを、戦後も少し形を変えた形で、続けているのではなかろうか、とさえ思うくらいです。ですからわたくしは、フェミニストやフェミニズムの女性運動を見るひとつの鏡として、それが天皇制とどう向き合っているのか、そのことが大きな判断の軸になるかと思います。この点で、圧倒的に沈黙、つまりタブーを抱えてしまっているのが、日本のフェミニズムや、大方のフェミニストの姿であるということを、いままでの女性史研究の中から強く感じてきました。

そういう意味でも、二〇〇〇年の女性国際戦犯法廷には、大きな意義があったわけですけれども、それはなかなか日本の市民の間には伝わっていない。反対に右翼的な、一国主義的な傾向、ナショナリズムが再び強まってきており、わたくしたちもそこに呑みこまれそうになってしまっている。そういう状況に立ちいたっているのではなかろうかと思います。

冷戦体制の片方への積極的コミット

さて、象徴天皇制と憲法九条との関係ということですが、これはもう皆さんよくご存じのことだと思います。象徴天皇制を担保するために憲法九条が置かれたといういきさつが、いまでは明らかになっております。日本が、再び天皇を中心として、連合国に歯向かうような軍事国家になることを許さないという狙いです。しかし九条の「戦争放棄」ということは、GHQの思惑とは関係なく戦争に嫌気がさしていた日本の市民の圧倒的支持を受けます。

問題は、いままでの神権天皇制から象徴天皇制を創出する過程です。GHQが、象徴天皇制以外に天皇制存続の道はないことを、天皇裕仁に迫ります。その第一弾が、一九四六年一月一日の年頭詔書、いわゆる「人間宣言」です。これを読むと、まず明治天皇の五箇条のご誓文なるものが出てきます。それから自分は神ではないということを言います。後になって昭和天皇自らが、人間宣言といわれるが、そこでは自分が現御神ではないということを言うことではなく、五箇条のご誓文が民主主義をすでに言っていたということを強調することに眼目があったというふうなことを、一九七〇年代に言いました。そして侍従次長だった木下道雄の『側近日誌』（一九九〇年）なるものを読みますと、神ではないけれども、自分が神の子孫、神の末裔であるということは信じていたというんですね。

しかし、人間宣言を出させることによってＧＨＱは象徴天皇制への移行を図ります。そして一九四六年一一月三日（いまは「文化の日」ですが、昔は「明治節〔明治天皇誕生日〕」）にあわせて日本国憲法が公布され、神権天皇制が否定されて象徴天皇制になったけれども、しかし「国体」を護持するためには、「致し方ない」という形で、天皇もこれを受容するわけです。

朝鮮戦争のころの話ですが、戦争が勃発する前から、昭和天皇は非常にソ連に対して危機感をもっています。朝鮮戦争がおきますと、なおさらその危機意識を強めます。

この朝鮮戦争におきまして、日本はご承知のように全面協力しました。軍事物資の提供や、基地の提供。それればかりでなく、掃海艇まで繰り出しています。日本財界の一部は、朝鮮戦争を「天佑」であると、非常に喜んで迎えます。実際に、この朝鮮特需景気で日本の景気は回復したのですね。そして「もはや戦後ではない」と書いた経済白書が朝鮮休戦協定締結の三年後、一九五六年に出ます。

やがて戦犯容疑者が釈放され、公職追放が解除され、警察予備隊が発足します。これがやがて保安隊、自衛隊というふうになり、事実上、軍になっていくわけですが、そこに、旧日本軍の将校たちが登用されていくということになるわけです。

ですから、朝鮮戦争への加担、そしてアメリカの冷戦体制へのコミットメントによって、非武装中立という方向性は、事実として否定されるわけです。

昭和天皇は、四五年九月のマッカーサーとの第一回会見、及びそれを前にしたニューヨークタイムズ特派員との会見で、自分は「宣戦の大詔を東条〔大将〕のごとくに使用する意図ではなかった」旨の回答をしています。マッカーサーとの第一回会見におきましても、こう言ってますね。「この戦争については、自分としては極力これを避けたい考えでありましたが、戦争となるの結果をみましたことは、自分のもっとも遺憾とするところであります」。こういうふうに昭和天皇は、忠臣東条英機に全責任を押しつけ、転嫁を図っているわけです。戦争責任を回避しておりま す。そして、この第一回会見で、昭和天皇は、これから自分はGHQに協力して平和な日本をつくっていきたいというようなことを吐露するわけです。

大変早い時期に、天皇は側近を通して、GHQ側のシーボルトに、いわゆる「沖縄メッセージ」というものを出します。要するに米軍が二十五年から五十年、ないしはそれ以上にわたって永久的に沖縄に駐屯することを希望するという旨のメッセージです。

しかし考えてみますと、住民への激烈な被害をもたらした沖縄戦が終わってからまだ数年しかたっていないわけですね。その沖縄戦をもたらしたものは、自分たちがいる本土での決戦を少しでも遅らせるためであって、そのために沖縄を戦場にしたのです。普通の人であれば、わたくしは、申し訳なくてそんなメッセージを託すことはできないはずだと思います。

沖縄について言えば、一九五二年四月二十八日発効の講和条約におきまして、ご承知のように沖縄は切り捨てられたわけです。沖縄は本土防衛のため、「国体護持」の捨て石とされ、戦後は再び見捨てられたわけです。

沖縄戦が一応終わった後の七月十日、元首相の近衛文麿を「陛下の御内意」を体した天皇の特使としてソ連に派遣して、和平交渉を試みることが決定されます。結局、行くことはできませんでしたが、その「和平交渉の要項」の中で、「国土に就ては、なるべく他日の再起に便なることに努むるも、止むをえざれば固有本土を以て満足す」「固有本土の解釈については、最下限沖縄、小笠原島、樺太は捨て、千島は南半分を保有する程度とすること」とあります。沖縄戦という大変な被害をもたらした直後に、恥知らずにもこのように為政者たちは考えていたわけであります。

革命への恐怖と「売国」

裕仁は、その後も米軍の駐留を希望し続けます。たとえばマッカーサーとの第四回会見。この年、一九四七年五月三日に憲法が施行されました。彼の地位というのは「象徴」になったわけです。にもかかわらず天皇は大要、「日本が完全に軍備を撤廃する以上、その安全保障は国連に期待せねばなりませぬ」。しかしその「国連が極東委員会のごときものでは困る」と言っています。極東委員会にはソ連が入っているのですね。だから米軍の駐屯が必要だということを裕仁は言い続けるわけです。かえってマッカーサーの方が「日本が完全に軍備をもたないこと自身が日本の為には最大の安全保障であって、これこそ日本の生きる唯一の道」であると、あらためて九条の意義を天皇に説いている始末です。それに対してまた天皇は、「日本の安全保障を図る為にはアングロサクソンの代表者である米国が其のイニシアティブを執ること」が必要なんだと言っているわけです。

マッカーサーの側も、天皇には利用価値があると思って利用したのであって、昭和天皇にしてみれば、マッカーサーにすがらなければ、天皇家存続の危機になったわけですね。だからマッカーサーに対して、あるいはGHQに対して、もうひたすら懇願し続けるわけです。

一九五〇年六月二十六日、つまり朝鮮戦争勃発の翌日、対日講和のために、米国特使ダレスが来ました。すると天皇はダレスに、大要、次のような口頭メッセージを寄せるわけです。「これまでアメリカの当局者たちが実情視察のため日本を訪問するさいには、政府内のメンバーや、マッカーサーが正式に承認した日本人とのみ会い、『多くの見識ある日本人』と議論することはできなかった。なかでもマッカーサーは、軍国主義的な経歴をもっているという理由で『経験豊かな日本人』が米関係者と接触することをおそれてきた。しかし、その大多数が『追放』に処せられた『経験豊かな人達の多く』は、日米両国の将来の関係について『きわめて価値ある助言と支援』を米側にあたえることができるであろう」と述べました。あれほどマッカーサーに懇願調でやってきたのに、今度はマッカーサーを、そして首相の吉田茂をもすっ飛ばして、直接ダレスに、そういうメッセージを発するわけです。

「経験豊かな日本人」というのは、たとえば戦時中、東条英機内閣の商工相で、敗戦後、A級戦犯容疑者として逮捕（四八年十月釈放）された岸信介とか、そういう人たちのことでしょうか。その辺ははっきりしません。ともかく、吉田茂のように、米軍の軍事力をある程度の制限の下に置こうとするのを抑えて、アメリカが、いちばん喜ぶ条件を天皇自らが示し、ダレスがそれを最大限に利用するという構図が、ここに生まれるわけです。

すでに冷戦体制が始まっていますけれども、その冷戦体制を日本は非常にうまく利用していきます。朝鮮半島も分断されて、北の方には、朝鮮民主主義人民共和国ができます。四九年には中華人民共和国ができます。そういうなかで昭和天皇は、要するに共産主義国家に対する脅威を感じるわけですが、アメリカのほうからこれを見るなら、日本を自分たちの陣営に引き入れる重要性が増してきます。そのために、対日講和の条件を非常に緩めます。

一九五一年九月、サンフランシスコ講和条約と同じ日に締結された安保条約の前文には、こう書かれております。「無責任な軍国主義がまだ世界から駆逐されていない」。これは、日本のことを指しているんじゃないんですね。さらに安保条約前文には「「日本国は、武装を解除されているので」日本国は、平和条約が日本国とアメリカ合衆国の間に効力を生ずるのと同時に効力を生ずべきアメリカ合衆国との安全保障条約を希望する」。つまり日本の方から条約締結を希望したと言っているわけですね。

第一条を見ましょう。「アメリカ合衆国の陸軍、空軍及び海軍を日本国内及びその付近に配備する権利を、日本国は、供与し、アメリカ合衆国は、これを受諾する」。

もってまわった表現ですが、これは、ある意味では「売国的」なわけですね。「国辱的」でしょ（笑）。そのために一九六〇年の安保改定があったわけです。これではあまりにも不平等だということで、皮肉にも戦犯容疑者であった岸信介内閣のときに改定を主張したのですね。

そして条文の次の部分はこうなっています。「一又は二以上の外部の国による教唆又は干渉によって引き起された日本国における大規模の内乱及び騒じょうを鎮圧するため日本国政府の明示の要請に応じて与えられる援助を含めて、外部からの武力攻撃に対する日本国の安全に寄与するために使用できる」。

この条文の中身は、当時の吉田首相をはじめ外務省の幹部にとっては、ある種、屈辱的なものであったことは明らかです。それなのに天皇が、自らの護身、ソ連や中国からの、裕仁流に言えば「侵略」から自らを守ってもらうために、積極的に米軍の駐留を願い出るということをしたのです。

五五年に鳩山内閣ができまして、その外相に重光葵という人が就任しました。重光が天皇を訪ね、訪米の目的を説明すると、天皇は「駐留軍」、つまり「米軍の撤退は不可なり」と述べて、米軍の駐屯、駐留を強く希望し続けたということが、いまでは明らかにされています。

冒頭にも申しましたけれど、昭和天皇は戦後においては、自分や自分の一族の保身のために、アメリカに対して、いわば「売国的」な態度で臨みました。そして、言葉では象徴天皇という言葉はありますけれども、彼の気持ちの上では、戦前の統治権者から連続しているものとして、自分を見ていたんじゃなかろうかと思います。日本の戦後はこのように始まって、基本的な形がこの段階でつくられたというふうに申し上げられると思います。

歴史修正主義が大手をふって登場している現在、こうした歴史的事実をきっちりと伝えることが、いま、とても大切になっていると思います。こういう場で基礎的事実を確認しあって、それをまた伝えあっていくということが大事ではないだろうかと感じております。

そういう意味で、わたくしどもは四年前から韓国の女性たちと共同で、歴史教育を重視する立場で、『ジェンダーの視点から見る日韓近現代史』（梨の木舎）という本を準備し、昨年（二〇〇五年）の十月末に出しました。そこでは従来のいわゆる教科書には載っていない日本の加害の事実をなるべく載せるようにいたしました。よろしかったらぜひ見てください。

［初出・『運動〈経験〉』一八号、二〇〇六年八月、講演記録］

第二章

フェミニストと「天皇翼賛」思想

フェミニストの「天皇翼賛」
高良とみの「戦時下の翼賛言説」をめぐって

はじめに

かつて日本「国民」は、知識人も庶民も、女も男も国家のおこした侵略戦争・総力戦体制に組み込まれ、組織的抵抗はもとより、ごく少数を除いて個人的抵抗もなされぬまま、足かけ十五年に及ぶ侵略戦争に加担・協力させられていった、という苦い歴史的事実がある。著名なフェミニストも、残念ながらその例外ではない。

ここでここ数年来の状況を振り返っておこう。二〇〇一年の「九・一一事件」以降、戦争がグローバル化している。日本もその例外ではない。そればかりか小泉政権（当時）はいわゆるブッシュ・ドクトリン（先制攻撃権）に基づき、イラク侵略戦争を敢行した米国・ブッシュ政権に対しいち早く支持を表明し、いままた戦闘状態の続いている戦場イラクへの、自衛隊派兵を強行した。加えて、二〇〇二年の九・一七日朝首脳会談で公けにされた「拉致」事件や、核開発、不審船、ミサイル事件など朝鮮民主主義人民共和国（北朝鮮）の脅威をことさらに煽り有事関連法制等の整備、ミサイル防衛（ＭＤ）システムの拡充、高度の情報収集能力を有し、米軍の軍事戦略と一体化するシステムを持つイージス艦の増強など急ピッチで進め、さらなる軍事化、戦争国家への道を突進している。

思想的にはすでに一九九九年の「日の丸君が代」の「国旗国歌法」成立以降、天皇への崇拝と愛国心を刷り込む教育が学校現場で暴力的に強行され、「心のノート」（事実上の国定道徳教科書）による子どもたちへの思想管理が巧みに着々と図られている。大人の社会への思想・情報統制（管理）もメディア規制法や「共謀罪」法案などを通し一歩一歩進められてきている。

このまま権力の暴力を許し続けていくならば、いまを生きるわたくしたち市民はいや応もなく戦争協力体制に組み込まれ、戦争加担の一端をになわされることになる。苦い歴史が再び繰り返される重大な岐路にわたくしたちはいま立たされている。

市民の戦争加担が現実化させられようとしている今日、かつての先輩女性たちが戦争協力、翼賛加担への道に踏み込んでいった論理・言説・行動が検証される意味は以前にもまして大きいであろう。

戦争体制への協力・参加を女性の地位向上・権利拡張と捉えた市川房枝・山高（金子）しげり、「一君万民」幻想のもと天皇翼賛思想にとらわれ、鼓吹した高群逸枝・平塚らいてう、共同（働）主義の立場から総力戦体制構築に参与した奥むめおなど枚挙にいとまない。

わたくしは旧著『フェミニズムと戦争』（マルジュ社、一九八六年。増補新版一九九七年）や『女性史を拓く（1）〜（2）』（未来社、一九八九年）、『フェミニズムと朝鮮』（明石書店、一九九四年）、『日本女性運動資料集成』第二巻・第九巻・第十巻（編・解説。不二出版、一九九六年・一九九八年・一九九五年）等において、市川房枝、高良とみ、羽仁説子、山高しげり、奥むめお、平塚らいてう、吉岡弥生らの主に女性運動家やフェミニストたちの戦争参加、翼賛加担についての論理と言説をたどったことがある。

これらの編著を著した頃より状況はさらにいっそう悪化した。一九九九年、さきの「日の丸君が代」法や周辺事態法、盗聴法（通信傍受法）、改正住民基本台帳法（国民総背番号制）等と同じ国会で成立した「男女共同参画社会基本法」が、ことと次第によったら女性の戦争動員法となりかねない危惧さえ覚える昨今の状況である

さてこの稿では、戦時下のフェミニズムや女性運動を総括的に取り上げるのではなく、主に生活合理化・改善や「アジア解放」の立場から、次第に戦争・翼賛加担の道へと踏み込んでいった高良とみ（一八九六〜一九九三年）に絞って述べよう。高良について、いまでは知る人は少ないことと思われる。しかし、少し年輩の人ならば、戦後、高良がまだ国交未回復のソ連・中国に戦後はじめての日本人として勇敢にも渡り、友好・平和の扉を開けた人として記憶されておられるかもしれない。

わたくしは右のごとく高良が戦後平和友好運動史のうえで果たした役割を過小評価するものではない。高良の平和への熱情的行動が、戦中の自らの反省のうえになされたことであろうことも

軽視するものではない。しかし、それゆえに逆に戦中の高良の言説のもっていた意味をいま問い直すことがわが身を振り返る点からも肝要であると考えのである。幸いにも近年、高良の次女、高良留美子氏を中心に各巻平均四〇〇ページをこす大部の著作集『高良とみの生と著作』全八巻（ドメス出版、二〇〇二年）が編まれ、高良研究のための基礎資料が提供された。

この著作集は、柳条湖事件（一九三一年九月十八日勃発、中国侵略の開始となる）から盧溝橋事件（一九三七年七月七日勃発、中国侵略全面戦争の開始となる）、アジア・太平洋戦争（一九四一年十二月八日勃発）を経て日本敗戦に至るおよそ十五年間の高良の準戦時から戦時期の著作（第三巻〜第五巻にかけて全部で八四〇ページをこす）も多数収められている。とかく戦時期の著作を収録するのにためらいがちな風潮にあって（とくに遺族にその傾向がある）、編者、とくに高良留美子氏の見識に敬意を評するものである（もっとも高良留美子氏とわたくしの評価は異なるが）。

高良の「生と著作」の全軌跡についてくわしくは右の著作集ならびに高良とみが八十六歳のとき著した自伝『非戦を生きる』（ドメス出版、一九八三年）に譲り、ここではもっぱら彼女の戦時下（盧溝橋事件以降）の言説に絞って考察することにしよう。

高良とみという人――熱と真摯の人

さきの自伝『非戦を生きる』が刊行された頃、わたくしはある新聞の書評でこの著について

「知的、体力的にすぐれ、個性豊かにおおらかに生き切った人の自己肯定の著」と書いたことがある。今回、この稿を草するに際し、同著を再読してみてあらためてその感を深めた。まことに高良とみの百年近い生涯は、自主独立進取の気象にあふれ、日々これ勤勉・奮闘・努力の気迫に満ちた人生であったように思われる。差別や不正義、不公平に対する高良の反感・批判・憎悪の念も強く、それらが彼女の行動の原動力をなしていたとも推測される。女性インテリ、知識人としての使命感・責任感・自負心も強烈で、それゆえ「遅れた」大衆に対する啓発心には人一倍旺盛なものがあったようにも思われる。

旧著『フェミニズムと戦争』でも引用したが、若い頃の高良とみの人柄をよく語っている文章がある。

氏の性格は至つて多面的である。興味も趣味も広い。〔中略〕嗜欲も浅くない。執着もある。知つてすまして居たり、冷然として居られない。ぢき感激して来る。殊に頼まれると否といへないおだてにものる。腰は低い。如才がない。実に気のい丶ひとである。〔中略〕生来頑健といふ程でもないがよく自愛摂生して可成の精力家である。年は若い。じつとして居られないわけだ。斯くして、らしからざる矛盾も出て来る。ヂャナリスト化しても来る。野心家の如く表はれても来る。

然し乍ら氏の本然は熱の人真摯の人である。〔中略〕神と人、真理と又社会国家に対する熱愛の誠はその具現を念願し、為に絶えざる研究と努力とを止むる能はざるの人なのである。氏が学者としてその研究室にのみとゞまり得ず、又順境に恵まれても一人いい子になつておさまり得ず、機を把へては巷にまで進出せずに居られないのは、こゝに源を発する。

（千葉とみ子「熱と真摯の人　高良富子さん」『雄弁』一九三〇年一月号）

右の一文の筆者は日本女子大学校時代の友人である。ここには才気煥発であっても、その才を決してひけらかせず、熱と真摯をもって情熱的に社会なり国家なりへと立ち向かう、後年の高良をも貫く彼女の姿が鮮やかに描き出されている。

高良（旧姓・和田）とみは、一八九六年富山県において東京帝国大学出身で内務省技師である父、和田義睦（高知出身）と敬虔なクリスチャンであった母、和田邦子（群馬県の大きな蚕種業を営む家に生まれ、前橋女学校を経て、横浜の共立女学校に学んだ）の長女として誕生。のち母の感化で父もクリスチャンとなり、とみはキリスト教的家庭環境のなか幸福な幼年・少女時代を送り思想形成を遂げた。父の転勤で各地を転々とするが、神戸高等女学校時代（ここで「忠孝一本」をモットーとする校長の指導・薫陶を受けた）、家族から離れ、寄宿舎生活に入った。

同校を経て一九一七年日本女子大学校を卒業、同年十二月米国留学の途にのぼり、コロンビア大学、ジョンズ・ホプキンス大学等で心理学を学び、マスター・オブ・アーツ、ドクター・オブ・フィロソフィーの学位を得て、二二年七月に帰国、翌二三年九州帝国大学の精神科研究員

（助手）に就任、帝大初の女性助手であったという。二六年九大法文学部助教授に推薦されるが、法学界の権威、美濃部達吉の反対により断念。翌二七年、母校の日本女子大教授に就任した（四二年辞職）。三三年には帝国女子医学薬学専門学校教授を兼任、同校生活科学研究所長も兼ねた（三五年まで）。この間の二九年、高良武久（精神科医、慈恵医大教授）と結婚。三五年財団法人佐藤新興生活館理事、三七年同館生活訓練所主任となり、三九年までつとめた。一九四〇年十二月大政翼賛会の最初の臨時中央協力会議のただ一人の女性議員として参加、脚光を浴びた。これより前から国民精神総動員東京市実行委員会経済協力科委員（一九三七年九月）、非常時国民生活様式改善委員（一九三八年六月）、物価形成中央委員・大蔵省貯蓄奨励婦人委員・同省国民貯蓄局講師・国民精神総動員中央本部贅沢全廃委員（以上、一九四〇年）に就任、いわゆる「婦人国策委員」のリーダーの一人となり、総力戦遂行のための「生活新体制」構築を呼号する旗手となった。

共同体・共生社会幻想——高良の生活合理化論と女子教育刷新論を通して

高良が学者として力をそそいだものに生活の科学化、合理化がある。日本女子大教授という多忙な職にありながら、帝国女子医専教授・同家庭科学研究所長を兼務し、さらに民間の一団体である佐藤新興生活館の理事、同館生活訓練所主任を引き受けたのも、一に生活合理化に賭ける高良の熱意の大きさを示している。

高良の生活合理化は、女子教育刷新と連動して把握される必要があろう。一九三七年の日中戦争直前から大政翼賛会が発足する半年前くらいまでの彼女の論稿から両者の関係をたどってみよう。まず教育論からみる。

高良は、さきの経歴からうかがえるように若くして欧米の学問的環境に身をおき、英語にも習熟し、欧米仕込みのインテリ女性として時代の先頭を切って進んだ女性であった。しかしながら、日中戦争前後の彼女の説く教育論には国粋主義的・国体的言説の臭味がつきまとうようになる。

明治維新前後の教育精神は、お国のために、役立つ人物を養成するにありました。国の興り民族の勃興の気宇の盛んな時には、常にその国の教育が旺になることを、私どもは歴史の上に認めます。その時代の指導精神が終始一貫当時の行動を支配し、一生を献げて、国家民族のために奉仕せしめました。〔中略〕教育こそ、国策の根本に立つべきものであり、広く遠い思想をもって、現実の国家生活の中に日本的思想の実現を期すことを目的とすべきものでありましょう。

（「女子教育に於ける一つの試み」『新教育研究』一九三七年二月号、『高良とみの生と著作』第4巻〔以下、『生と著作4』と略記〕九五〜九七ページ）

国粋主義、国体思想のルーツは、高良の成育過程における父母の影響もあったろう。高良は「私の少女時代」（『日本少女』一九四二年二月号）のなかで次のように語っている。「私の母は上州人で、高山彦九郎の崇拝者でした。父も土佐藩士で、非常な国家精神に燃えた技術者でした」（『生と著作5』九三ページ。傍点は原文のまま）。高山彦九郎とは、周知のように江戸中期の熱烈な尊王家である。「尊王思想」「国体観念」と矛盾をきたさない典型的な日本キリスト教の受容者といえようか。

高良は、さきの稿でこう嘆く。「明治中葉以後」、功利主義や、個人主義思想が侵入し、「愛国奉公」の根本精神は希薄となり、何のための教育であるかが疑わしくなり、女子教育においても結婚ないしは生活の方便になったと（「女子教育に於ける一つの試み」『生と著作4』九六ページ）。

折りから一九三五年の「国体明徴」運動を受けて、教育界にも「国体観念の明徴」や「日本主義教育の徹底」が呼号されていた。高良の教育論にも一面では右のような事情が強く反映されていたとも推測される。注目すべきは、以下の点である。「教育は神聖な事業と申すべく、権威あり意気ありそれによって民族の羅針盤を定めるもの」（同右、前掲書九七ページ）となおも述べつつ、教育を通じての共同社会への志向も次のごとく強く滲ませるのである。「人をかきのけて自分が人の上に立つ者になろうとする生活でなく、純真な心をもつて、もっとも多く仕えることの出来る生活を希う生活が訓練され、熟達して行った時に、はじめてすべての才能も知識も働いて、人を幸福ならしめるものとなりましょう」（同右、前掲書九八ページ）。

ここにはたしかに「人を搾取せぬ、人を使駆せぬ、人に頼らぬ、そしてすべての人と協力してゆく社会」「何も持たぬ、何も使はぬ、何にも囚はれぬ生活、唯働く事、唯与へる事の喜びを持つ生活」(「家事と職業と」『婦人運動』一九三〇年十月号、『非戦を生きる』所収の栢植恭子「解説」より重引。同書二二四〜二二五ページ)といったかつての共同体・共生社会への志向がなおみられるのであって、国粋主義や国体思想は、高良の主張の要諦ではなく、外皮とも受け取れる。言いかえれば、国粋や国体云々は、やや建前的であり、本音は人びとみな幸福ならしめる共同社会への渇望を語ることにあった、とも解釈できるのである。

高良の生活合理化・生活改善論についても同様のことが指摘できよう。

一九三七年七月七日の盧溝橋事件を機に中国に対する侵略戦争が全面化すると、「挙国一致・尽忠報国・堅忍持久」をスローガンに国民精神総動員運動が開始された。その直後、高良は、「婦人を通しての国民精神総動員」を発表(『帝国教育』一九三七年十一月号)し、冒頭でこう記した。

今時局に際しての道義的高揚は、困難が大きければ大きいほど一層切実に渇仰される処であるが、その内容とし、その実行としての生活改新が要望されているのである。〔中略〕特に女子教員は、天性の具体的能動を真に正しく発揮して、初等教育にも中等教育にも、この際、徹底的生活指導に貢献し得る絶好の機会であると思う。(『生と著作4』一一二ページ)

語を継いで、高良はこれを「絶好の機会」と捉え、政府当局が出すスローガンを教員は「日常生活」に翻訳し、実行可能かつ十分に理解された具体案とすること、そして「生活を工夫し創案していく努力の過程とその面白さを、教師と生徒の共同の学校生活によって経験され得たならばと思う」（前掲書一一二～一一三ページ。傍点は鈴木）と提唱する。

この高良の手法は、相手の土俵にのぼってその主張に沿うかのごとくみせつつ、自分の主張の実現を図る手法であったかもしれない。同じ文章のなかで高良は次のように述べる。

> 国民精神総動員には二つの方面があると考える。第一は国民精神の剛健な発揚であり、第二は国民生活の統制である。〔中略〕生活に即し、生活を導く、真の生活教育は、まず国民体位の向上のために、この際健康教育の徹底を期し、虚弱児、病児、特殊《ママ》児童の特別な保護教育施設を実行して、頑健無病な次代国民を養育しなければならぬ。〔中略〕この意味からも、日の丸弁当の奨励などと、教育者の口から出る事は余りにも不可解」（前掲書一一三～一一四ページ。傍点は鈴木）であると。

「日の丸弁当」とは、ご飯に梅干しを一つ真ん中に入れた弁当で、のちの「興亜奉公日」（三九年九月一日実施、以後毎月一日実施）に、酒の不売などとともに、節米奨励・倹約奨励の一環として全国的に実施されたものだが、それに先んじて高良はこれをいましめ、かえって学校の共同炊事による児童、生徒の栄養改善を説いたのである（前掲書一一四ページ）。

三八年六月、高良は国民精神総動員中央連盟（精動）の非常時国民生活様式改善委員会の委員に就任した。この就任について、のちに彼女はその自伝『非戦を生きる』のなかで「生活合理化運動の一環としてつとめた」（同書八一ページ）と述べており、この述懐に作為はなかろう。

精動の委員を引き受けることになるこの前後、高良は、ぜいたくや無駄をなくすべくかなり熱心に説いている。たとえば「御用聞き制度」の無駄を説いて、御用聞きは「ブルジョア的」であり、労力の無駄であり、「奥様の運動不足」にもなるから、「合理化」すべき（「御用聞き制度〔女性の声〕」『東京朝日新聞』一九三八年二月七日付）とか、あるいは輸入統制で入手しにくくなるラクダや純毛コートを買溜めしている「有閑マダム」を叱ったり（「商品の買溜め〔女性の声〕」同二月十四日付）、長袖をたち、元禄袖にかえるようすすめたり（「元禄袖実行を望む」〔女性の声〕」同八月一日付）というように一つ一つの現象を取り上げては無駄やぜいたくを厳しく批判している。

これらについて、かつてわたくしは旧著『フェミニズムと戦争』で次のごとく評したことがある。

長い袂をぶらぶらさせて仕事をするより、短い袖の方がずっと便利だから、多くの女たちはこれを歓迎したろうし、有閑マダムへの苦言にも庶民の女たちは溜飲を下げたであろう。御用聞きについてもまた然りである。ただ、こうした主張のうらに常につきまとっている口吻やら、たとえば「非常時気分を巷に徹底させる為元禄袖遂行を希望する」（「元禄袖実行を望む」、傍点は鈴木）とかいった言葉が書きつらねられているのをみると、たとえ当初は本音のための建前であったとしても、ドキッとするのである。生活合理化・生活改善への高良の素志をわたくしは疑うものではない。だが高良が精動や各種の「婦人国策委員」として時局にコミットしていけばいくほど、いつしか本音と建前の位置は転倒し、逆転していったのではなかろうか。物資不足が深刻化し一九四〇年七月七日に奢侈品等製造販売禁止令が出され、八月一日には東京都内各地に「ぜいたくは敵だ」の看板が立つに及んで「ゼイタク狩り」は錦の御旗を得て、ゼイタク狩りという行動自体が自己目的化して、女性のリーダーたちは意気揚々と街頭に繰り出していった。

　わが高良とみもまた当初の生活合理化や女子教育刷新を冷静に説くよりも、国体的国家意識に突き動かされた言説を指導者意識に満ちあふれた姿勢をもって、女性大衆に向かって説く方へと傾いていったようにみえる。

「日本女性の全生涯は、皇民の血を享けて生れ、皇土に活き、祖国の光栄のため死に行くものである」(「女子教育」、河出書房『現代心理学』第十巻、一九四三年、所収、『生と著作5』一七八ページ)

「ますらをのかなしき命つみかさね　つみかさねまもる大和島根を　子等の生命は日本女性の生命を越えて生き続け、天地と共に極りなき皇運を扶翼し奉る。その尊き歴史の一節を創る臣道に、生命かけて絶対に帰依しまつる、女性生命を主体とする教育をここに指していうのである」

(同右。前掲書一七九ページ)

「世界歴史を日本人自身の手に依って新しく書き直し、大東亜一〇億の住民の運命と幸福とが、日本民族の意志によって指導せらるべき画期的な時代に直面して、日本民族自身が自己の本質を更《あらた》めて発見し直し、驚嘆自覚し、偉大なる使命の前に奮起して、大いなる夢を描くと共に、自分達を導き来った精神に感激し、これを世界に向って宣揚する時代となったのである」（同右。前掲書一七九ページ、傍点は鈴木）

「上に万世一系の皇室を頂くと同じ歴史的意義をもって、下には祖先代々の築きし『家』があり、家系の家風と家訓とが厳として存する」（同右。前掲書一九〇～一九一ページ）

「家の代表者は男性ながら、家庭の中心は女性である。女性は母として一家を内から纏める力である」（同右。前掲書一九一～一九二ページ）

右の一連の文章を読んでいくならば、高良が国体的国家意識に基づいた女性観に立って、「大東亜民族の母」たることを鼓吹し、かつエスノセントリズム（自国・自民族中心主義）の世界観（「八紘一宇」）に立って「大東亜解放」の正当性を高唱している印象は否めないだろう。

高良の女権意識・翼賛思想・「アジア解放」

高良には時局や体制の転換期にあり、貶められていた女性の地位を向上させ、権利を獲得させようとする意識が働いていた、とみることができる。もっともこの意識は高良にかぎらず、市川房枝ら当時の多くの女性運動家やフェミニストたちが戦争協力に踏み込む契機をなしたものである（くわしくは、拙著『フェミニズムと戦争』等参照）。

女性のなかの超エリートの道を歩んできた高良にとって自立のステップの出発点で、女であるがゆえに九州帝国大学法文学部助教授への「任官」を美濃部達吉から拒否されたという性差別体験があったことを軽視できない（「任官」拒否の理由として、美濃部は女性が男子学生を教えるのはよくない、といったという）。女の力がもっとも必要とされる総力戦体制に参画・協力することは女権拡張につながると高良が考えたとしてもいっこうにおかしくない。彼女自身の「婦人国策委員」就任にあたってもこの「女権意識」が働いたであろう。

それと同様に高良とみには強烈なナショナリズム意識が存在したことも指摘されよう。インドや中国に寄せる彼女の関心は深く、とりわけインドに対するイギリス帝国主義への嫌悪・憎悪感の強さには目を見張るものがあった。しかしながら、宗主国日本のもとで蹂躙されている植民地朝鮮・台湾の民衆への視点はまったくみられない。ちなみに『生と著作』全八巻中にはわずかに台湾に触れた「台湾を旅行して」（一九二七年、『生と著作3』所収）一篇のみが収録されているが、台湾統治に対する懐疑の念はいささかもみられない。過酷をきわめた朝鮮植民地支配にいたっては『生と著作』をみる限り、まともに論及さえされていない有様である（ちなみに『生と著作8』所収「高良とみ年譜」一九四四年の項に「朝鮮に民情視察」とある）。

高良のアジア認識にはイギリス帝国主義によるインド侵略は身近なものとしてあったが、自らが属する日本帝国主義による朝鮮・台湾侵略は、視野の外にあったというほかない。この欠落したコロニアリズム認識が、すでに述べたごときエスノセントリズム（自国・自民族中心主義）による「大東亜解放」への夢（幻想）を抱かしめたというほかあるまい。

高良の「翼賛思想」は、一九四〇年十二月、大政翼賛会臨時中央協力会議に初めてただ一人の女性代表として出席したのを機に高調したかにみえる（くわしくは拙著『フェミニズムと戦争』五三～七五ページ参照。なお『生と著作』第四～五巻所収の「新しき主婦の道は……〝家〟に即した共同化」「婦人局はできる」「新体制と婦人」「まず、指導を確立せよ」「落葉に堰かれた女性特有の愛国心」「中央協力会議に出席して」「新しい女性の生活を語る」「婦人生活の組織について」「決戦下の生活」（以上はいずれも一九四〇年から一九四一年にかけて発表ないし執筆）の諸論稿に当たられたい）。

一九四一年十二月の対米英開戦によって高良の翼賛意識は沸点に達する。真珠湾攻撃の特別攻撃隊員の母を称える文で「母の力強い祖国愛の実行こそ、勇士を養い育てるもっとも力強い苗床」（「軍神を生む母の力」『少国民新聞』東日版一九四二年三月十一日号、『生と著作5』九六ページ）と、軍国の母たるべきことを説き、また三大節（旧制の三大祝日、すなわち新年〔四方拝〕、紀元節、天長節）や「皇室の神祭り」への尊崇、明治神宮、靖国神社、氏神等の参拝を通じて、敬神崇祖の精神や習慣を家庭教育によって培うことの重要性を説いてやまない。すなわち行事を通しての「皇国民」意識の注入の有効性を強調するのである（「家庭教育と行事」『家庭教育』一九四二年五月号、前掲書九七～一〇二ページ参照）。

臣民教化のバイブルとして文部省教学局によって編まれ、全国的に配布された『臣民の道』（一九四一年七月発刊）と寸分違わぬ表現もこのころ頻出する。

長い間に文化を携えて大陸から渡り来った漢民族、朝鮮民族、その他の諸民族も、八紘一宇の大きな融和力によりまして、同じ大和民族の血の流れに、溶け込んできているのであります。

（「国家・社会・家庭」、高良富子責任編集『これからの母新しい母』序文、鮎書房、一九四二年、所収、前掲書一四四ページ）

かくしていつの御代にも、絶対に帰一し奉る、一大中心を戴いていることが、この国の団結力を強くしているのであります。生死を顧みぬ、忠烈義勇の臣下の情は世界に国多しといえども、まったく比べるもののない、わが国独特の臣民の道であります。

（同右。前掲書一四四～一四五ページ）

家の祖先が祖国に仕え、君に奉じたその同じ精神をもって、家の家族全体は、国民の大宗家の中心であらせられる天皇に命を捧げて尽し奉つるのであります。

（同右。前掲書一四九ページ）

敬神崇祖ということは、国民儀礼と同じく、家の立つ宗教的根本でありますから、大東亜の指導家庭たる日本の家においては、新しい宗教行事の復活が求められます。〔中略〕天佑神助を信仰として活きる、神ながらの御民は、産土の神、鎮守の神、国津神、天津神を崇め、祖宗の御神霊を祭るとともに、祖先を拝み、御霊祭りをする国民であります。

（同右。前掲書一五一ページ）

さきにわたくしは、欧米帝国主義に対する高良の批判、反感、憎悪の念の強さを指摘した。その思念が対米英蘭宣戦に対する高良の深い共感を生んだ。開戦直後、彼女が筆をとった一文「戦争と女性の決意」（『女性日本』第十三巻第一号・一九四二年一月）は、米英への敵意も露わにしたためられている。「一二月八日は私共の終生忘れる事の出来ない感銘の日であります」「この一〇〇年の間に東洋の小国は英米の暴虐に去勢せられ、上海、香港、シンガポール、ビルマ、印度等々その他あらゆる国を犯してその地に住む東洋の兄弟達を『さいなん』だのであります」「われ等東洋の盟主として棄ておかれましょうや。これ等の惨ましい兄弟達を救う者は実にわが日本でありわれ等の使命である事を痛感せられます」「この一大事業東亜共栄圏の確立を目指すわれ等日本国民一億男も女も向後いかなる艱難辛苦に会おうとも負ける事は出来ないのです」（『生と著作5』八七～八八ページ）と。

『生と著作5』に収められている「戦争と二つの立場から」（講演記録、一九四三年一月八日）は、アジアに対する欧米の搾取、横暴、人種差別主義がいかにアジア民衆に辛酸をなめさせ、人間以下の扱いを甘受せしめているか、具体的にかつリアルに描き出しているものであって、高良の欧米に対する憤慨、公憤が強く滲んでいる（二二〇～二二八ページ参照）。

たしかに高良は百年に及ぶ欧米のアジア支配・侵略を心の底から怒っている。これが彼女を「大東亜戦争」＝聖戦と叫ばしめた大きな理由であろう。虐げられたアジアを解放するものは、天皇をいただくわが帝国日本の使命との強い自負心が彼女の胸をふくらませていた。同じ講演のなかで、高良はこうのべる。

「その点祖国を振り返って見ますと、私ども、皇室のご恩寵の下にある日本の婦人は天国のような生活ですね」「その偏見、白色人種の優秀感は何といっても人道に反するものである（中略）今度の聖戦はその白人種達の間違った、ことに米英、アングロ・サクソン人種の間違ったやり方に対する私どものどうしても訂正しなければならない戦いであります」（同右。前掲書二二六〜二二七ページ）

「大東亜解放」に賭ける高良の「夢」に、うそ偽りはなかったであろう。しかし彼女には「近代」初発から大日本帝国が欧米の帝国主義列強をモデルにして、内においては天皇を頂点とする階級ヒエラルキー社会を暴力的に構築し、外においては侵略とコロニアリズム（植民地主義）の道を驀進し、欧米列強同様、暴虐の限りを尽していたのはみえなかったのであろうか。これはやはりエスノセントリズム以外のなにものでもない。

さらに加えて高良が使命感や指導者意識に燃えて日本の庶民女性に対しておこなった言説責任があろう。すでに述べたように総力戦体制下にあっては、「銃後も戦場」のたとえのようにすべての部面において戦時総動員化が叫ばれた。なかでも女たちは「思想戦・経済戦の戦士」としての役割が期待された。女たちは、出征した夫や父にかわって家を守り、生産をにない、消費生活を詰めに詰め、浮かした物や金は軍需用として容赦なく召し上げられた。戦争の長期化、泥沼化はさらにいっそう拍車をかけた。

日中全面戦争以降、当局によって多数の「婦人国策委員」が誕生するが、これはもとより女たちの地位向上や権利拡張を図ってのことではなく、庶民女性をより戦争動員するための「督戦隊」と彼女たち「婦人国策委員」を権力側は位置づけたのである。物があふれている時に無駄を省くことをすすめるのは悪くはなかろう。しかし、人びとが生存していくのに必要不可欠な物資が戦争によって入手できなくなっているなかで、なおそれを説くとしたら、それは犯罪的でなくて何であろう。最初の臨時中央協力会議で高良は、「暮らし向きなどと申しますものはいかようにも引き下げ得ますもの」(「婦人翼賛組織に関する件」、大政翼賛会『臨時中央協力会議会議録』一九四〇年十二月、『生と著作4』二七〇ページ)と言い放った。

あたたかくて恵まれた家庭に育ち、最高級の教育を受け、大学教授という社会的地位を得、夫も医科大学教授・医師といった環境にあった高良は、倹約に倹約を重ねてもろくろく食えない庶民家庭の女たちの苦労や悩みを理解していただろうか。否そうではなかったことが、戦争末期に彼女がしたためた「戦災女性へ贈る」の一文(『新女苑』一九四五年六月号)が示している。米軍による激しい空爆下、だれもがみな生存の危機の淵にさらされているなかにあって、高良は、なおも「不退転の態度」をもって「聖戦」遂行の意義を説き続け、こう結んだ。「戦災者である事の光栄は戦う者の栄光であると信じます」（『生と著作5』二五六ページ）と。

おわりに

与えられた紙幅はもうとっくに尽きた。最後に簡単に一言しておこう。高良とみは、たしかに熱と真摯そして善意の人であったことは間違いない。彼女の生の軌跡は、それらの「資質」や性格に一貫して貫かれているといってもよいだろう。ただ問題は、本来、美質である熱や真摯、善意といった「資質」が時代の動きのなかでどの方向に向かっているのか、さらに向かおうとしているのか、冷静沈着にみきわめる視点が高良のなかに決定的に欠落していたのではないかと思う。しかしながら、これは高良だけの問題ではない。冒頭に触れたように激動する時代の動きのなかで自らを凝視し、検証し、行動すること、これは、いまを生きる、わたくしたち自身の緊急課題でもある。

［初出・岡野幸江・北田幸恵・長谷川啓・渡邊澄子共編『女たちの戦争責任』東京堂出版、二〇〇四年］

高良留美子さまに

本紙（『ふぇみん』）二〇〇四年十一月十五日号「ふぇみんルーム」へのご投稿を拝読しました。九月に東京堂出版から刊行された『女たちの戦争責任』に収めた、わたくしの論稿「日中戦争とフェミニストたち――高良とみの「戦時下言説」を中心に」（鈴木注――本書収録に際し、「フェミニストの『天皇翼賛』――高良とみの『戦時下の翼賛言説』をめぐって」と改題）が高良さまに、十分、真意がお伝えできなかったようです。

わたくしが前掲論文で、お母さまのとみ氏が一九三一年の柳条湖事件に端を発する、いわゆる「満州事変」に反対したこと、また三五年、インドのガンジーに「日中間の調停を頼む」ため、訪印し、奔走したことなどを「無視」したとし、〝暴挙〟と述べておられます。

わたくしとてとみ氏が、戦前・戦後、平和主義を志向され、とりわけ戦後の平和運動・日中友好運動に大きな足跡を印されたことを認め、旧著『フェミニズムと戦争』（一九八六年、マルジュ社）や今度の論文でも縷々指摘しています。普通、「戦時下」と言えば、三七年の盧溝橋事件に始まる日中戦争以降をいいます。限られた枚数でオリジナルかつ厳密に書こうとすれば、時期や対象を絞らざるを得ないでしょう。

平和志向をもっておられたとみ氏が、「戦時下」に際し、なぜ時局協力、戦争加担、天皇翼賛の道に「突進」されていったのか、に向き合うこと、これが今回のわたくしのテーマでした。なぜなら、とみ氏が女性知識人、フェミニストとして日中戦争・アジア太平洋戦争中、おこなった言説責任を検証することは、いまの、真に危機の時代を生きるわたくしたち自身を問うことにつながる大切な作業だからです。

［初出・『ふぇみん』二〇〇五年一月十五日号］

問われているのはわたくしたち自身の歴史認識である
高良留美子氏の批判に答える

はじめに

二〇〇四年九月、『女たちの戦争責任』（岡野幸江、北田幸恵、長谷川啓、渡邊澄子編）が、東京堂出版から刊行された。わたくしは、編者の方がたの依頼により、同書に一文を草した。「日中戦争とフェミニストたち──高良とみの『戦時下言説』を中心に」と題する一文がそれである。これに対し、とみ氏の次女、高良留美子氏から本紙（『女性ニューズ』）に三回にわたり、批判を受けた（「鈴木裕子氏の『高良とみ戦時下言説』について」、二〇〇四年十一月二十日、同三十日、十二月二十日号掲載）。

高良氏への批判にお答えする前に、まず戦後日本において、戦争中のフェミニストたちの思想、行動がどのように問われてきたか、あるいは問われてこなかったかについてまず記そう。

フェミニストの「戦争責任」は問われてきたのか

かつての十五年戦争、アジア太平洋戦争時、日本の名だたるフェミニストの多くは、盧溝橋事件（一九三七年七月七日勃発）を契機に、日本国家の起こした侵略戦争に支持を与えた。それのみならず、彼女らの多くは先頭に立って女性の総動員体制を呼号し、庶民の女性たちを戦争動員へと駆り立てた。

しかしながらこの体験、事実、すなわち「女の戦争責任」や「加害者性」は、敗戦後の日本にあって、「女たちは、戦争の総被害者」という「被害者幻想」が広く流通することにより、封印され、タブー視されてきたといっても過言ではない。わたくしの専攻する近現代日本女性史研究の場においても例外ではなかった。

一九七〇年代初め、日本にもウーマン・リブ運動が誕生し、「女の主体性」を厳しく問う声とともに、女たちの加害者性や戦争責任に向き合う意識が生まれてきた。それはちょうど日本が高度成長政策を背景に、戦前・戦中の軍隊に代わり、日本企業が再びアジアに触手を伸ばし、経済的に、性的にアジアを侵略し始めた時期とほぼ重なる。ウーマン・リブ運動は、すぐれて女と男の権力関係を告発する女性運動であったが、その一方で、それまでの「母親運動」に象徴されるような、「女はみな被害者」「女はみな平和愛好者」といった、本質主義を否定し、「女の加害者性」を鋭く問題化した。リブの運動は、組織的、大衆的形態を自ら拒否したため、その影響を広範に与えたとはいえないが、女の意識変革に与えたインパクトは計り知れないほど大きいといえよう。かくいうわたくしもその一人であった。

右に述べたような問題意識をもって、歴史研究において「女の加害者性」「女の戦争責任」について、実証的に跡づけていくことを課題にして立ち上げられたのが加納実紀代氏らの市民グループ「女たちの現在《いま》を問う会」であった。同会は、地道な調査活動を重ね、その成果を『銃後史ノート』（創刊は一九七七年）として、次々とまとめあげていった。

女性の加害者性や戦争責任が、女性史学界で取り上げられるようになったのは、ようやく八〇年代に入ってからである。とはいえ、この方面の専門研究者はいまでも多いとはいえない。否、いまだに少数派にとどまっているといえよう。「異端」であることを極度に回避する、「日本的風土」と「アカデミズム」に、女性史学も無縁だとはいえないであろう。

「女の加害者性」や「女の戦争責任」に対して、意識的に取り組んだのは、先の『銃後史ノート』の人びとにみられるように、学問を職業とする学者ではなく、市民的良心と批判的精神に富む「一介」の市民女性たちであったことは強く銘記されてしかるべきである。

「暴挙」とはただならぬ決めつけではないだろうか

拙稿「日中戦争とフェミニスト——高良とみの『戦時下言説』を中心に」（以下、「戦時下言説」と略記）に対する高良留美子氏の批判の論点の一つは、一九三一年勃発のいわゆる「満州事変」（柳条湖事件）にとみ氏が反対したこと、ならびに三五、三六年、ガンジーに会うためのインド訪問を、その履歴から故意に欠落させ、歴史家にあるまじき「暴挙」を「成し遂げている」（『ふぇみん』二〇〇四年十一月十五日号掲載の高良留美子氏の投稿文中の言葉）という点をあげられている。この二項を入れておきさえすれば、高良氏は満足され、「暴挙」というただならぬ言葉をとりさげられるのだろうか。しかし、前もっていっておきたいが、仮に二項を付け加えてもわたくしの論旨はいささかもかわらない。

が、それにしても「暴挙」とは凄まじい言葉である。拙稿をお読みになっていない読者の方がたにはわたくしがどんなに「暴力」的な論理展開をしているのかを訝しく思われる方もおられるかもしれない。わたくしは、とみ氏の著作集と留美子氏が付された解説を熟読玩味し、また拙稿をお読みいただく読者に公平な判断のための素材を提供すべく（全八巻の大部な著作集を手にとられる方は少ないであろう）、とみ氏自身の文章をできるだけ丁寧に引用紹介し、わたくしの解釈を加えたものである。拙稿をお読みいただいた方なら、このわたくしの意図に首肯されると思われる。

「戦時下言説」考察で意図したもの

拙稿のタイトルにあるように、対象時期は「日中戦争」（ふつう三七年七月の盧溝橋事件を機に始まった中国への全面侵略戦争をいう）以後に限定しており、限られたスペースゆえ、「満州事変」をはさんだ、留美子氏がいうところの戦前の「平和主義時代」に触れなかったことをもって（ちなみにわたくしは、拙論の前書きで、とみ氏が戦後の平和運動・日中友好運動に果した役割をきちんと触れ、評価している）、「平和主義者高良とみの戦前の痕跡を、完全に消し去っている」「履歴を切り縮め、都合のいい部分だけを引用して批判する評論」と断じておられる。

しかし、拙稿はトータルな「高良とみ論」を意図して書かれたものではない。「戦時下言説」に的を絞って論じたものである。もとよりとみ氏はじめ、市川房枝、平塚らいてうなどのリベラルなフェミニストたちが「満州事変」に対し、非戦・反戦の意を表明していたことはわたくしならずとも、この時期について研究している現在の女性史研究者なら周知の事実であろう。問題は、彼女らフェミニストが「日中戦争」に際し、戦争協力・天皇翼賛へと傾き、のみならず言説・行動をもって、民衆の戦争総動員化を積極的ないしは消極的であれ、担ってしまったという歴史的事実が掘り下げられてしかるべきなのである。

「歴史」に向き合う姿勢がいま問われている

とみ氏も含め、前記フェミニストたちが、「満州事変」に対し、非戦・反対の意を表したといっても、多くは「女性＝平和」といった本質主義の域を超えるものではなかったといえよう。帝国主義国家日本の侵略性を見据えての非戦・反戦ではなかったのである。そうした戦争の本質が見抜けていたならば、かくもたやすく、盧溝橋事件勃発とともに戦争協力体制の構築に積極的、情熱的に向かいはしなかったのではあるまいか。

留美子氏は、わたくしがお母さまのとみ氏を個人的に取り上げ、「筆誅」を加えているかのごとき述べられているが、拙稿におけるわたくしの意図はそこにはない。新たな戦時下に突入しようとしている現在、「男女共同参画」の名のもとに、「参画」「参加」をキーワードに女性の体制への企図が目論まれ、また同じ文脈で「女性天皇」誕生の論理化が図られ、それ自体差別・抑圧の装置以外のなにものでもない天皇制を存続・強化させようとしている今日の状況をみるにつけ、フェミニストであったとみ氏を含め、天皇翼賛・国策協力に驀進していった歴史を直視せざるをえないのである。それを怠り、タブー視するならば、わたくしたち歴史家は、この時代の「共犯者」たるの誇りを受けても致しかたないであろう。

根拠なきレッテル張りは不毛ではあるまいか

高良留美子氏は、わたくしを批判するこの連載のなかで、母・とみ氏の戦時期の言説について批判的であり、かつ戦争協力に対する責任があると明言されている（『女性ニューズ』二〇〇四年十一月二十日号）。留美子氏は、とみ氏がなにゆえに戦争協力に転じたかについて、次の五つの理由をあげておられる。①満州事変以降の国民の右傾化への絶望。②イギリスのインド支配の苛酷さを見たことが彼女を自由主義陣営から離脱させた。③生活改善の主張を実現するため。④女性の社会参加と地位向上を求めて。⑤神戸女学校時代に叩きこまれた〈忠孝一本〉の教育による天皇と国家への従順さ。

①を除けば、表現の違いこそあれ、同様な指摘をわたくしは拙稿「日中戦争とフェミストたち——高良とみの『戦時下言説』を中心に」はじめ自著のなかでしばしばおこなっている。ただ①については、わたくしは疑問と異論をもつものであるが、スペースの関係でここでは触れられない。ここでは②に関連づけて反論させていただく。

留美子氏の批判から引用しよう。「戦時期の高良とみの思想は国家主義、皇室主義、民族主義、家族主義、母性主義などである。〔中略〕しかし鈴木氏のように彼女の思想をエスノセントリズム（自民族中心主義）による八紘一宇思想の枠内にはめこむのは、間違っている。〔中略〕一句だけを抜きだして、『「大東亜解放」の正当性を高唱している印象は否めない』という印象批評で人間を決めつけるやり方には、顕著な本質主義がある」（『女性ニューズ』二〇〇四年十二月二十日号）と断じておられる。

留美子氏は、わたくしが「一句だけを抜きだして」、とみ氏の「エスノセントリズム」について「印象批評」をくだしていると述べられているが、わたくしはとみ氏ご自身が当時に書き記した文章を丹念に拾いだし、論証しているのである（前掲『女たちの戦争責任』二七〜三二ページ参照）。留美子氏のほうこそ「一句だけを抜きだして」、「顕著な本質主義」だとわたくしを批判される。が、相手の叙述を歪め、意味や論拠も明らかにされないまま、「間違っている」とか「本質主義」とかのレッテル張りをされるのはいかがなものか。わたくしが数々の論証をあげながらも、敢えて「印象を否めない」とやや遠慮がちに述べたのは、インド支配に対するイギリス帝国主義へのとみ氏への、強い憤りに敬意を払ったからである。もう一度、拙論を冷静にお読みいただきたいと願う。

「エスノセントリズム」とコロニアリズム認識

わたくしは、高良とみ氏がエスノセントリズムにとらわれ、天皇翼賛、「大東亜戦争」協力・称揚の言説を振りまくにいたった、背景の一つとして、あらためてとみ氏のコロニアリズム認識とエスノセントリズムを指摘したい。やや長文になるが、拙稿からの引用を許されたい。

〔高良とみ氏が―鈴木注〕インドや中国に寄せる彼女の関心は深く、とりわけインドに対するイギリス帝国主義への憎悪感の強さには目を見張るものがあった。しかしながら、宗主国日本のもとで蹂躙されている植民地朝鮮・台湾の民衆への視点はまったくみられない。ちなみに『生と著作』全八巻中にはわずかに台湾に触れた「台湾を旅行して」（一九二七年、『生と著作3』所収）一篇のみが収録されているが、台湾統治に対する懐疑の念はいささかもみられない。過酷をきわめた朝鮮植民地支配にいたっては『生と著作』をみる限り、まともに論及さえされていない有様である。高良のアジア認識にはイギリス帝国主義によるインド侵略は身近なものとしてあったが、自らが属する日本帝国主義による朝鮮・台湾侵略は、視野の外にあったというほかない。この欠落したコロニアリズム認識が、すでに述べたごときエスノセントリズム〔自国・自民族中心主義）による「大東亜解放」への夢（幻想）を抱かしめたというほかあるまい」
（前掲『女たちの戦争責任』二八〜二九ページ）

とみ氏に限らず、日本のフェミニスト・フェミニズムには、民族差別、ナショナリズム、植民地主義（コロニアリズム）について、批判的視点が弱かった。いわば「帝国のフェミニズム」であったとの認識は皆無であったといえよう。敗戦後も、この自己認識を持ち得ないまま、今日にいたった、その付けが大きかろう。

日本軍性奴隷制（「慰安婦」）問題はじめ、戦後賠償問題の何一つとっても解決させられず、そればかりか現在の急速に進む、軍事化・翼賛化を拒否し得ているとは残念ながらいえない状況がある。わたくしたち日本のフェミニストの真贋が厳しく問われている。とみ氏ら先輩が直面せざるを得なかった「時代」に、わたくしたちは、いま立たされているのである。そうであるからこそ、わたくしたちの「現在の問題」として、かつての先輩フェミニストのおこなった戦時下の言説・行動の検証が急がれていると、わたくしは考える。

それはいうまでもなく、個人を攻撃するのが目的ではないことをあらためて申しあげたい。

［初出・『女性ニューズ』二〇〇五年二月二十日・三月十日・三月二十日］

第三章

「慰安婦」問題はまだ終わらない

台湾元「慰安婦」訴訟の第一審判決

1　被害そのものを抹殺する判決

「拉致」被害者五人が「一時帰国」した二〇〇二年十月十五日、台湾元「慰安婦」の被害女性九人が日本政府を相手どって提訴（一九九九年）していた損害賠償・公式謝罪請求裁判の第一審判決がくだされた。左に示す記事は、翌十六日付『朝日新聞』朝刊に掲載されたものである。

台湾元慰安婦訴訟　原告の請求は棄却

第2次世界大戦中、強制的に日本軍の従軍慰安婦にさせられたとして、台湾の女性9人が日本政府に1人あたり1千万円の損害賠償などを求めた訴訟で、東京地裁は15日、政府の公式謝罪を求めた訴えを却下し、賠償請求も棄却する判決を言い渡した。寺尾洋裁判長（浅香紀久雄裁判長が代読）は「国際慣習法は、個人が国家に直接損害賠償を請求する権利を認めていない」と述べた。

訴えていたのは高雄県の黄阿桃さん（81）《ママ》ら。原告は控訴の方針。

半世紀以上にわたる被害女性たちの苦しみを、わずか二十行ばかりの記事がどうして伝えられようか。とはいえごくわずかにしろ報じただけでもましかもしれない。ほとんどの日本メディアは彼女たちの訴えに耳を貸そうとさえしなかった。筆者のみたところ、当日の公判にミニコミはともかくマスメディアで取材に来たのは台湾メディアだけであったようだ。

被害者の訴えを黙殺したのは日本メディアだけではなかった。第一審判決をくだした東京地裁は、小手先の法律論を弄して原告側の主張を一二〇パーセント却けた。被害事実の認定さえせず、被害者の受けた苦痛を一顧だにしない、まさに血も涙もない非情な判決であった。次に示すのが判決主文である。

一　原告らの公式謝罪請求に係る訴えを却下する。
二　原告らのその余の請求をいずれも棄却する。
三　訴訟費用は原告らの負担とする。

判決は、被告＝国側（日本政府）にとっては、この上もない「満額回答」であったろう。原告＝被害女性側の主張をことごとく却ける一方、被告＝国側の言い分を丸呑みしたといってもいい内容である。判決は、個人の賠償請求権を否定し、「国家無答責」の「法理」を盾に国家による個人への人権侵害を不問に付し、女性に対し加えられた性暴力を事実上、肯定するものである。

2　原告女性九人の被害事実

まず、原告九人の被害事実から述べる。

原告九人のうち五人が漢族、四人が原住民族（先住民族）出身の女性である。まず漢族出身の五人の被害事実についてから。

高寶珠さんの場合

高さんは一九二一年、台北県淡水鎮で出生。三歳のときに父、十五歳のときに母が亡くなった。学校には通えず、そのために読み書きができず、洗濯や裁縫の仕事を手伝って家計を助けた。母の死後、結婚していた姉夫婦のもとに身を寄せながら、店で歌う仕事についていた。

一九三八年、十七歳のとき、役所から招集通知が届き、日本軍のために広東に行けとの内容であった。高さんは、仕事の中身について問い合わせたが、ただ行けと言われるのみで何も教えられず、指示通り、台北駅に行った。そこで同時に招集された十八人ばかりの女性とともに役所の者に引率され基隆に着き、そこから船で広東に送り出された。

広東から金山寺という場所に連れられ、「慰安所」という看板を目にし、はじめて何をさせられるのか知って、泣き悲しんだ。しかし、故郷から遠く、帰る方法も頼る人もなく、やむなく性拷問に耐える日々が続いた。やがて日本軍部隊の移動に伴い、香港を出港、軍の船に乗せられシンガポールを経て、ビルマに連行。途中、船が潜水艦の爆撃に遭い、このときの轟音で右耳の聴覚を失った。

ビルマに着き、軍のトラックに乗せられて、さらに山奥にある「慰安所」へ連行。そこは原始林のなかで柵がなくても逃亡は不可能だった。米や野菜、日用品などを買いにいくことはもとよりかなわず、外部とは隔離された監禁状態におかれ、生活全般が日本軍に支配されていた。

戦況が厳しくなるや、部隊はそれまでの駐屯地を撤退し、被害女性たちも数グループに分けられ、移動、高さんはラングーンへと移された。そこでも新しい日本軍専用の「慰安所」が建てられ、一、二年程も性拷問を繰り返された。

日本敗戦後、高さんは憲兵にベトナムに行って船を待つよう指示され、ようやく帰還船に乗って一九四七年、台湾に戻った。八年振りの帰国である。酒家で働いたのち、生活のため、九人の子持ちの男性と結婚し、今日に至った。

盧満妹さんの場合

盧さんは一九二六年生まれ。三歳のときに父のいとこの家に養女にもらわれた。養家も貧しく、実父母、養父母とともに他家の茶摘みや傘売りで命をつないだ。小学校三年生まで通学したものの、生活に追われ読み書きは習得できなかった。

一九四三年、十七歳のとき、旅館経営者から海南島で看護婦の仕事をしないかと誘われ、読み書きができないのでためらうが、お茶運びや厨房の仕事もあるということで海南島に渡ることとした。旗山、台北、新竹等からの女性三十人程も一緒で、高雄から軍艦に乗り海南島・楡林に到着、紅砂まで連れていかれた。一か月程して、通路をはさみ両側に二十〜三十程の小部屋から成る建物がつくられ、「慰安所」であることを初めて知った。そこは「ケイナンソウ慰安所」と呼ばれ、日本人夫婦が管理していたが、日本軍人が昼夜を問わずやってきて性行為を強要された。はじめは抵抗したものの逃げていくところもなく、一年か一年半くらいの我慢と思い、ひたすらおとなしくしていたため、手ひどい乱暴は受けずにすんだ。

盧さんはやがて妊娠し、帰宅をのぞんだが、容れられず、妊娠八か月まで強姦を強要された。マラリアに罹患し、医者に証明書を書いてもらい、自費で船に乗り、ようやく台湾に帰還したが、間もなく生まれた赤ん坊は生後三十八日で死去。帰国後、「慰安婦」をさせられていたことを周囲の人が知り、いたたまれず、工事現場の日雇い仕事をして糊口をしのぎ、五二、三年頃引っ越し、三十八歳のとき紹介されて結婚したが、夫が過去を知ったことから結婚生活はうまくいかなかった。いまは小児マヒの息子と住んで、他家の洗濯や子守で暮らしているが生活は苦しい。

黄阿桃さんの場合

黄さんは一九二三年、桃園県に出生。家は貧しく生後すぐに養子に出された。七、八歳の頃、実家に引き取られ、炊事、洗濯、弟妹の世話に明け暮れた。就学はできず、そのため読み書きもできず、十歳で家を出、台北の写真館に住み込み、炊事をまかなった。

一九四三年、二十歳のとき、友人から南洋での看護婦募集の貼り紙を知らされ、一緒に行くことをすすめられた。読み書きができないのでためらっていたところ、炊事の仕事もあり、半年で帰れるといわれ、行くことを決心。日本人男女が同行し、黄さんら二十三人の女性は高雄から浅間丸に乗船、インドネシア・マカッサルを経て、ボルネオ島バリクパパンに到着。山中にある航空隊基地に連行されたが、間もなく爆撃に遭い、腹部を怪我し、左目を失明。

バリクパパンが空襲で破壊されたため、マカッサルに戻り、山の上へ。空軍基地のそばに椰子の葉でつくられた建物があり、間もなく「慰安所」の看板が立てられたので、何をさせられるところか知った。そこは「松乃家慰安所」とよばれ、同行の日本人男性は「お国のため」といって、諦めることを説いたが、黄さんはショックと恐怖のあまり震えがとまらず、手は氷のように冷たくなった。山中で、帰る船も沈めるといわれて絶望的な気持ちに陥り、生きるために性拷問を受け容れるほかなかった。

一日に二十数人の日本軍人の相手をさせられ、昼は兵隊、夜は下士官、外には監視の兵が立ち、逃亡はかなわなかった。月に一度、基地内の病院で軍医による検診と、月に一度くらいの割合で、軍のトラックに乗り集団でバリクパパンまで出掛けたが、自由な外出など思いもよらなかった。

四五年八月の日本敗戦で日本兵士は知らない間に姿を消した。黄さんは日本人と間違えられて拘束されたが、無理に連行されてきたことを必死に説明し、ようやく監禁を解かれ、スラバヤへ。数か月後、台湾同郷会の奔走により台湾に帰還。帰国後、父母には内緒に付し、三十八歳のときに結婚したが、子どもは産めず、姉の子を養子にし、養子亡きあと、夫と二人の孫と暮らしている。

鄭陳桃さんの場合

鄭さんは一九二〇年、台北で出生。三歳のとき母が死亡。再婚した父も七歳のとき死去。十六歳のとき継母と叔父によって売られた。酒場で女給として働かされたのち、一九四二年、十七歳のとき三度、売られ、高雄へ。そこで看護婦の助手として読み書きができる人が必要だからと二年間アンダマンに行くようにいわれた。鄭さんら二十一人の女性が高雄から日本の貨物船に乗ってアンダマンに渡った。アンダマンの海岸線には日本軍基地があり、二千人ほどの部隊が駐屯していた。基地内の建物の一つに収容され、上陸後五日目頃、ここが慰安所であると告げられた。離島なので逃げることもできず、やむなく「性奴隷」に応じさせられたが、耐え切れずに森に隠れたところ、すぐに引き戻された。

アンダマンに来て一年二か月後の四三年秋、ジョホールに移された。日本海軍旗を掲げた船に乗せられ、日本軍管理地域内の倉庫用建物に収容。そこでサイパン行きを待たされたが、乗せられる船もなく、結局、日本軍相手の慰安所「見晴荘」へ。毎日十人から多いときは二十人ほどの相手をさせられた。日本敗戦の直前、日本軍の看護長の助けで赤十字の病院船に乗って八月上旬、高雄に帰還。故郷の台北に戻ったが、叔父に「慰安婦」だと蔑まれ、花蓮に行き、住み込みの飯炊きとなり、さらに台東へ出て洋裁を覚え、生計を立てた。二十八歳で結婚したが、子どもができないと離婚された。高雄で再び飯炊きなどをしながら四十五歳で再婚。子どもはできず、夫にも過去を打ち明けられなかった、十数年前夫も病死し、知り合いの厚意で倉庫の一室を借りて、老人年金と政府からの補助金で一人暮らしをしている。

Eさんの場合

Eさんは一九二二年台北で生まれ、生後すぐ養女に出された。小学校を途中でやめ、生計を助けるため織物工場や煙草工場で働いた。

一九四三年、幼なじみの女性から海外へ行って一緒に働こうと誘われ、仕事は食堂で働くことと聞かされた。翌年一月、陳古山という台湾人に引率され、高雄からカマクラ丸に乗って出港。三十二人程の若い女性も一緒だった。ボルネオ島バリクパパンに上陸し、さらにサンマリンラに到着、そこで初めて「慰安」の仕事だといわれ、騙されたと知って強く拒んだ。「慰安所」は、サンマリンラのほかサンガサン、ロアクルの三か所でEさんら三十数人の女性が定期的に交替で巡回。サンガサンでは油田採掘の日本兵、ロアクルでは石炭採掘の日本人らが相手で、一日に何人もの客をとらされたため、子宮にしばしば炎症をおこした。

約二年間、性拷問を重ねられたのち、日本の敗戦によりスラバヤへ送られ、その一年後、自費で帆船に乗り帰国を果たした。結婚を約束した男性から、過去を知られ破約され、実家からの援助もなく苦しい生活を強いられた。その後、二度結婚したが、一緒に暮らすことは少なかった。

次に紹介する四人の原告女性は、原住民族出身で、裁判提訴時、いずれも本名を名乗れずにいた。まずAさんの場合から。

Aさんの場合

Aさんはタロコ族の生まれ。数え年で十九歳から二十歳の一九四三年頃、たばこ関係の日本人が経営する軍の食堂で働くようにいわれ、兄嫁や友人とともに食器洗い、料理運び、掃除などの仕事をし、食堂に近い兵舎の一室が与えられた。駐留していた部隊は「シマヤ部隊」といい、三人の憲兵がAさんらを管理していた。働き始めてから二、三か月ほどのある夜、憲兵ミズグチが他の二人を追い出し、Aさんだけを休憩用の部屋に残し、ミズグチは他の四人の兵士とともに嫌がるAさんを押さえつけ、かわるがわる強姦。Aさんに続き、外に出されていた友人や兄嫁も順に部屋に呼び込まれ、同じように強姦された。その後は、連日、Aさんら三人の女性は午後十時から十二時頃の間、四、五人の日本兵から性暴力を受け続けた。この強姦行為は日本軍が撤退する一九四六年三月までおよそ一年半にわたって繰り返された。

兵士らは避妊具を用いず、そのためAさんは三回妊娠し、三度とも流産。流産すると半月の休養が与えられ、家に帰宅することを許された。が、タロコ族では女性の「貞操」が重んじられ、「蕃刀」で殺されるため、父親に事実を訴えることもできなかった。日本軍撤退後、四度目の妊娠で家に帰れず、父が所有していた山の上の畑の小屋で出産を待った。何度も自殺を図ることを考えたが、一緒にとらわれ、世話をしてくれていた兄嫁に思いとどまらせられた。Aさんは赤痢にかかり、生まれた赤ん坊も生後三日で死亡。Aさんには婚約者がいたが、「過去」のことで結婚できず、その後、別人と結婚したが、これもうまくいかず、子宮等の病気をかかえ、子どももできなかった。

Bさんの場合

Bさんは一九三〇年、花蓮・秀林郷でタロコ族として出生。その当時、霧社事件（一九三〇年）後の「理蕃政策」の一環として原住民族は長年、住みなれていた山地から平地へ強制移住された頃で、Bさんの一家や部落も平地へと移された。「尾崎信（伸）子」という日本名を付けられ、小学校で日本語教育を仕込まれた。

一九四四年の十四歳のとき、派出所の竹村部長からBさんの居住地に駐屯する日本軍倉庫部隊で裁縫などの雑用仕事をするよう命じられた。三人の兄たちも日本軍に徴用され、家も貧しく、家計を助けることができるかと思い、これに応じた。Bさんのほかに五人の女性が、同じように派出所の日本人警官によって集められた。はじめ部隊には自宅から通っていたが、駐屯地内に宿舎が建てられ、泊まり込むよう指示された。

泊まり込んでから三か月くらいたった頃、寝ているとナリタ軍曹に呼び出され、駐屯地内にある洞窟内に連れ込まれた。その入口付近に板敷きのベッドと毛布が一枚あった。Bさんが洞窟に入ると、一人の兵士がおり、ナリタ軍曹が出ていくと、その兵は突如、Bさんを強姦。他の女性たちも連れていかれ、同様に強姦された。なかには激しく抵抗したためにひどい暴行を受ける女性もいた。Bさんは週に二、三回、洞窟に連れ込まれ、時には二、三人の兵たちから強姦された。部隊長や医者からも強姦された。羞恥心と恐怖心から家族にも話せず、部隊から逃げ出すこともできなかった。

倉庫部隊は、敗戦後もとどまり、ようやく一年後、Bさんは解放された。強姦や「性奴隷」を強要されたことは、部落の人びとには話さなかったものの、人びとはそれを知っていた。四回結婚し、三度も破婚したのは夫がBさんの「過去」を知り、許容できなかったからである。このため子どももひとりで育てなければならず、大変、苦労した。倉庫部隊での性暴力が原因で子宮や卵巣に異常をきたし、いまだに健康状態が悪い。

Cさんの場合

Cさんは一九三一年、南投・愛郷に出生。父はCさんが母の胎内にいるとき、霧社事件で日本人に殺害された。公学校をおえて農作業を手伝っていたが、十五歳のとき母が病死。叔父に引き取られ花蓮の榕樹部隊に移った。一九四四年、派出所の「ツバキ」という名の日本人警官から向かいの山の麓の日本軍部隊が掃除、洗濯、お茶くみなどの手伝いを求めているから、明日から行くようにとの命令を受けた。当時、警察の命令は絶対服従で拒否することができず、このためCさんは四人の女性とともに行った。

雑用に行きはじめてから三か月くらいたったある日、西村隊長から五時になっても帰ってはいけない、別の仕事がある、といってCさんらを順に山の洞窟の前に連れて行った。洞窟のなかは真っ暗で何もみえず、びくびくしながら十メートル程行くと、小さなあかりがあり、日本兵が一人立っていた。突然、その兵士が襲いかかり、無理矢理、服を脱がしはじめた。Cさんは泣きながら抵抗したが、兵士の力が強く、強姦された。その後、別の日本兵が三人入ってきて輪姦された。その夜十時、泣きながら家に帰ったが、翌日からも同じ目にあわされた。辛くてだれにも話せなかった。妊娠していたことがわかって、疲れを理由に抵抗したが、かえって西村らに背中から腰にかけてムチやベルトで幾度もたたかれ、ひどい暴行を受けて、結局、流産。性病に罹患し、三回も妊娠したがいずれも流産した。

一九四五年十月、日本軍部隊が突然、いなくなり、解放。四七年、軍夫として徴用され、フィリピンから帰還した男性と結婚。夫にもいえず一人悶々と苦しんでいたが、一九九二年夫が肝臓ガンで死の床にあるとき隠していることに耐え切れず事実を話した。クリスチャンであった夫は許し、逝去した。

Dさんの場合

Dさんは一九二八年、苗栗・泰安郷にタイヤル族として出生。小学校卒業後の一九四四年、十五歳の頃、日本人警官がDさんら三人の女性に対し、日本軍部隊が駐屯している清泉区に行って、洗濯、炊事、草取り、裁縫、風呂焚きなどをしないか、といわれた。当時、Dさんには教員であった婚約者がおり、日本軍に徴兵されていた。日本人警官の命令を拒否するのは困難であり、働けば生活の足しや婚約者の行方もわかるのではないかと思い、バスや汽車に乗り継いで行った。部隊について一か月もたたないうち、寝ていたところをキムラ班長によって別の部屋に連れ出され強姦された。大声をあげて逃亡を図ったが、口を押さえられ、平手打ちやベルトで叩かれ、腰を何度も蹴飛ばされた。その夜、Dさんらは六人の日本兵にかわるがわる強姦された。その後、恐怖のあまり抵抗できず、昼は洗濯等の仕事、夜は七時から九時頃まで日本兵三～六人から強姦された。Dさんが少しでも拒否の態度をみせると、日本兵たちは激しい暴行を加えた。

Dさんたちは日本の敗北を知らず、清泉区に一年ほどいたうち、一緒に連れていかれた女性が妊娠八か月の身になっており、彼女を連れてようやく部落に戻れた。ところがタイヤル部族では、女性が夫以外と性関係をもつと、首を狩られるのが風習で、このためその女性は家に戻れず、山の高いところに潜んで出産を待った。Dさんはその女性の世話を焼いていたところ、Dさん自身も妊娠しているのに母が気づき、このため母は南洋から帰った婚約者との結婚を急いだ。夫はそのことを知らず、我が子同然に日本軍人との間の子を慈しんだ。一九九六年、花蓮で開かれた「台湾籍日本兵」の会議に夫とともに参加し、「慰安婦」問題が取りあげられたのを機に、Dさんは初めて夫に告白。夫は南方で十分、辛い目にあったのに妻もまた日本兵に虐待されたことを知り、二人して抱き合って泣いた。真実を半世紀も秘密にせざるを得なかった苦しみは強い。日本軍から受けた暴行が原因で腰と脊髄の後遺症にいまも悩まされている。

3 二〇〇二年戦後賠償訴訟から

冒頭で記したように、二〇〇二年十月十五日の台湾元「慰安婦」第一審判決は、判決の土台を構成する被害事実を一切、顧みることなく、国家の論理に寄り添った旧弊な「法理」に拠って、被害女性の求める正義と謝罪・賠償、すなわち人権の回復を封殺した。原告側代理人弁護士によれば、その判決概要は、以下のようにまとめられる。

法律上の判断によって請求を棄却し、事実の認定はなされなかった。

法律上の判断も、戦後補償の必要性特殊性に一顧もなく国の責任を回避する姿勢は以下のとおり。

①国際法のもとずく請求については国際法上個人の法主体性を認めない。

②民法上の不法行為については国家無答責、除斥期間の経過を認める。

③国家賠償については、立法不作為の違法性を認めず、責任者不処罰の違法性を否定しこれを認めない。

（「〈第五回公開フォーラム〉戦後補償裁判の現況と今後の課題二〇〇二――二〇〇二年戦後補償裁判の到達点と今年の課題――」〔二〇〇三年一月十七日・弁護士会館〕における配布資料集所収、一九ページ。以下、「資料集」と略記）

台湾元「慰安婦」第一審判決を検討するまえに、まず前記資料集に拠りながら、この一年間の裁判判決から特徴的な論点を取り出してみることにする。

三井鉱山中国人強制連行・強制労働事件福岡判決――「除斥期間」認めず

二〇〇二年には、戦後賠償（補償）訴訟九件が地裁ないし高裁で判決が言い渡された。九件のうち一部勝訴したのが、四月二十六日三井鉱山中国人強制連行・強制労働事件福岡判決の一件のみで、残り八件はすべて棄却された。

福岡判決は、強制連行・強制労働を「国と産業界が協議し、国策として実行された」（傍点は鈴木）と認定したうえで、不法行為の時から二十年で賠償請求権は消滅するという、民法の除斥期間の適用について、従来の見解を覆し、次のように認定した。「強制労働によって企業は多額の利益を得た」一方、「①〔日本〕政府は強制労働の実態を認めず、関連資料も93年になって初めて一般に知られた②戦時中の被害について中国国民個人に賠償請求権があるかどうか議論があった——などを挙げ、提訴〔二〇〇〇年五月十日提訴——鈴木注〕が遅れたのはやむを得」ず、と述べた。

右のような事情を踏まえ、福岡判決は、「除斥期間を適用して企業の責任を免れさせるのは正義・衡平の理念に著しく反する」と判断、原告一人あたり一一〇〇万円の損害賠償を算定した。また被告（国および、福岡訴訟では三井鉱山）側が常套句ともいうべき、賠償問題は二か国間条約・協定などで解決ずみ、とする姿勢について、福岡判決は、「〔中国外相が〕放棄したのは国家間の賠償で、個人は含まれない」と発言していることなどを指摘し、被告側の主張は「法的に疑義が残されており、原告らの請求権がただちに放棄されたとは認められない」と退けた。しかし、一方、原告らがもっとも強く求めていた国の責任と謝罪については、いわゆる「国家無答責」の「法理」を用いて、いずれも却下した（以上の判決内容について、『朝日新聞』二〇〇二年四月二十七日付参照）。

西松建設中国人強制連行事件広島地裁判決――不法行為責任認めながらも、「時効の壁」

福岡判決は、この間の戦後賠償裁判の前に立ちはだかっていた「時効」の壁に風穴をあけたかと、大いに期待をもたせたが、それに続く七月九日西松建設中国人強制連行事件広島地裁判決（一九九八年一月十六日提訴）は、詳細な事実認定をおこない、「不法行為責任、安全配慮義務違反に基づく債務不履行責任の発生」を承認しながらも、「時間の経過による権利消滅（時効・除斥）を肯定」し、原告側の請求を棄却した（前掲「資料集」一五ページ）。またしても「時効の壁」である。まさに『中国新聞』二〇〇二年九月十日付「社説」が指摘するように、原告側には「土俵際までいって勝ったと思ったら、うっちゃられた」という無念の思いが強く残ろう。

右のように広島判決は、被告側の損害賠償請求を棄却したが、結論「なお書き」の部分で次のように記述しているのは注目される。

〔原告らが〕本訴口頭弁論期日において自ら語った被害の実態や苦難の様相はあまりに痛ましく慄然たる思いを禁じ得ないものであり、同原告らが諸々の経緯から長年にわたり不本意ながら権利行使の道を事実上閉ざされていた事情等を合わせ鑑みると、その無念の心情は察するに難くないが、前記判示のとおり被告の法的責任は消滅したものと解するほかはない。もっとも、法的責任は消滅しても、道義的責任が消滅する理由はないから、道義上の観点からすれば、ドイツの企業連合による強制労働賠償基金やいわゆる花岡事件における和解等は、本訴との関係においても示唆に富む。

（前掲「資料集」一六ページ）

まかり通る「国家無答責」の「法理」

「時効の壁」とともに戦後賠償裁判の前に立ちはだかるのは、旧明治憲法（大日本帝国憲法）下における「国家無答責」の「法理」である。この亡霊のような奇妙な「法理」によって、加害国日本の国家責任はことごとく免責されている。「七三一部隊細菌戦被害国家賠償請求訴訟」原告弁護団長・土屋公献氏（元・日本弁護士連合会会長）の指摘するごとく、「国家無答責」を楯にした国家責任回避はまさに「司法不作為」と呼ぶにふさわしい。

いま、ここに土屋氏の論文「七三一部隊訴訟　第一審判決をどう見るか」（『世界』二〇〇二年十一月号）によって、この「国家無答責」の「法理」なるものの奇妙さを確認しておこう。

なお、「七三一部隊訴訟」は、一九九七年八月、一八〇人の原告各自に対する損害賠償と謝罪を求め、東京地裁に提訴された。五年間の審理を経て、二〇〇二年八月二十七日第一審判決がくだされた。その判決内容は、土屋氏によれば、以下の十点にまとめられる。

①旧日本軍七三一部隊等は陸軍中央の指令により中国各地で細菌兵器を実戦に使用し、これにより住民がペストやコレラに罹患し多数の死者が出た。正に悲惨で非人道的行為である。

②細菌兵器の実戦使用は、ジュネーブ・ガス議定書を内容とする国際慣習法に違反する。
③日本はハーグ陸戦条約三条を内容とする国際慣習法による国家責任を負う。
④国際法上個人には加害国に対する請求権は認められない。
⑤過去の戦争犯罪への遡及適用を認める国際慣習法は存在しない。
⑥中華民国法は適用し得ない。
⑦日本民法の適用は国家無答責によって認められない。
⑧立法は国会議員の政治的判断に委ねられ、立法不作為の責任を国に負わせることは出来ない。
⑨隠蔽行為は原告らの権利侵害には当らない。
⑩日中共同声明と日中平和条約とで問題は解決している。

（前掲「資料集」一九ページ）

前記論文のなかで、土屋氏は、同判決の主要な論点を①国家無答責の法理の採用、②国際法上の個人請求権の否定、③国際慣習法と条理の否定、の三点をあげ、同判決に対するきわめて適切な批判を展開されている。このうち「国家無答責」の「法理」についての土屋氏の見解は、次のとおりである。

①国の権力作用によって被害を受けた者は国に対して賠償請求ができないという国家無答責の

原則が国家賠償法の施行（一九四七年）以前における「法理」であった、とされる。が、しかし、この「法理」は戦前の判例や有力学説ではあっても制定された法令ではなく、解釈論の域を出ない。

②国家無答責は、明治憲法下の行政裁判所（同法十七条「行政裁判所ハ損害要償ノ訴訟ヲ受理セス」）が存在していたもとで、解釈論として生じていたもので、日本国憲法下の今日の訴訟に用いることは、大きな不合理を生むばかりである。現在の訴訟には現在の民主的な解釈論が通用するはずである。

③前述の通り国家無答責は「法」とはいえない。およそどのような横暴、残虐、非人道的な行為が公権力の名において許されるなどという法理が認められるはずはない。

土屋氏の言はまことに正鵠を得たものである。にもかかわらず、依然として、この国の「司法」は「国家無答責」の「法理」にしがみついて、日本国家の加害責任を回避させ続けている。まさに土屋氏が痛憤をこめて述べるようにそれは「司法不作為」であり、「行政、立法、司法の三権が、恰《こぞ》も挙るように不作為を続け、権力間の庇い合いによって正義から目をそむけるような現状」（前掲土屋論文）をわたくしたちはいつまでも許していいものだろうか。

元「慰安婦」訴訟においても、「国家無答責」の「法理」は堂々とまかり通っている。台湾元

「慰安婦」訴訟に先んじて提訴（一九九六年、東京地裁）され、第一審判決が言い渡された（二〇〇二年三月十九日）、中国人「慰安婦」第二次訴訟においても国家責任免責の法理の一つとして「国家無答責」論が用いられている（前掲「資料集」一〇ページ参照）。

加えて、土屋氏が指摘したさきの三つの論点に加え、台湾元「慰安婦」訴訟における裁判所の姿勢について、一貫して欠落しているのは、「ジェンダー視点」である。男性中心的性規範と社会的スティグマ（烙印）に縛られ、声を奪われ続けていた被害女性たちが五十年間の沈黙の闇を破って、カミングアウト（名乗り出）し、勇気を奮って被害事実を語りはじめたあとも、いまも続く苦しみ、悲しみ、辛さに対する、判事たちの想像力のあまりもの貧困さが指摘できる。冷酷そのものともいえる、その姿勢の根底にはセクシズム（性差別）が存在する。

台湾元「慰安婦」第一審判決は、冒頭に触れたように、法廷では被害女性に語らせるだけ語らせて、一抹の期待を抱かせ、実際の判決文では事実認定を一切おこなわず、彼女たちの訴えを、カビ臭い「法理」の羅列でばっさりと切り捨てたのである。

［追記］二〇〇三年一月十五日、中国人強制連行・京都訴訟（日本冶金大江山ニッケル鉱山）の京都地裁判決では、「国家無答責」に関して、注目すべき判断をくだした。同判決から当該箇所を引用すれば、次の通りである。「国家無答責の法理は、国家の行為が権力作用である場合に関する理論である。ところが、本件六名に対する各強制行為は、上記のとおり権力作用の行使ではなく、旧日本軍による単なる不法な実

力行使であるから、同法理を適用する前提を欠く。」

4 権力に追従し、「正義」をうち砕く司法当局

本節では、二〇〇二年十月十五日、東京地方裁判所が言い渡した判決文をもとに、被告国および東京地裁の主張を比較的詳細に呈示してみる。読者は両者の言い分が全く一体化していることに気づかれると思う。

被告国の主張

台湾元「慰安婦」被害者から訴えられた被告国側の言い分を紹介すれば以下の通りである。まず国際法に基づく原告（被害者）側の請求について、被告国は次のようにいう。

ア　国際法違反行為について

・奴隷禁止条約、強制労働条約、婦女売買禁止条約にはいずれも損害賠償規定は存在せず、また個人が加害国に対する損害賠償制度はない。

・通常戦争犯罪、人道に対する罪は、行為者個人の国際刑事責任が追及されるという効果を有するにすぎず、行為者個人や所属国家に対する民事責任を規定するものでない。

イ　国際法に基づく請求の根拠について

・個人は国際法の法主体ではない。被害者等の救済は、被害者の属する国家が外交保護権を行使することによって図るもの。
・ユス・コーゲンス（強行法規）は、違反行為について、個人に損害賠償請求権を付与する法理ではない。
・ＩＬＯ二九号（強制労働）条約には、個人が相手国に対して何らかの請求をなし得る旨の規定がない。

次に民法上の不法行為に基づく請求について、被告国は次のようにいう。

ア　民法上の不法行為の不成立（国家無答責の法理）
・国の権力的作用に関する行為について民法の適用はなく、国家賠償法の施行前は、国の損害賠償責任は否定されていた（国家無答責の法理）。
・雇用関係から生じた非権力的作用による損害であるとの主張は、原告らの受けた行為が強制労働に該当し、主張が矛盾。
・原告らの主張する日本軍の行為は私経済作用に当たらず、権力的作用にほかならない。
・ポツダム宣言の受諾によって、被告国が国家無答責の法理を放棄したとはいえない。
イ　除斥期間の経過――原告らが主張する不法行為による損害賠償請求権は、加害行為から本件訴訟提起まで二十年以上経過しており、消滅。

第三に、国家賠償請求について、被告国は次のようにいう。

ア　立法不作為の違法性について

・原告らのような立場にある者を救済するための立法措置を国会議員に一義的ないしは一見明白に義務づける憲法上の規定はない。

・憲法施行前の公権力行為により生じた損害について救済のための立法措置をとるかどうかは立法府の裁量にゆだねられている。

イ　責任者不処罰の適法性について

・国家賠償法一条一項にいう「違法」とは、公務員が個別の国民に対して負担する職務上の法的義務に違背することであり、原告らが主張する条約上の義務は、国際法上の義務であり、相手方である締結国に対する義務であって、被害者個人に対し負担する義務ではない。

第四に原告らが被った多大な被害――精神的・身体的・経済的損害について、被告国側はまったく論述せず、一顧だにしていないのが大きな特徴といえる。この対応そのものに、被害事実そのものを隠蔽・封殺する姿勢が如実にみてとれる。

第五に公式謝罪要求について、被告国は次のようにいう。

・原告らの請求は、被告のいかなる機関がいかなる方法で謝罪するのか特定されておらず、執行不可能であり、請求の特定としては不十分であり、かつ法的証拠がなく、請求は失当。

東京地裁の判決内容

二〇〇二年十月十五日、東京地方裁判所（寺尾洋裁判長）が言い渡した判決内容は、次の四点から成る。

①国際法に基づく請求について、②民法の不法行為責任について、③国家賠償請求について、④公式謝罪要求について、の四点である。まず①「国際法に基づく請求」についてみてみると、判決は、国際法と国際法違反に基づく個人賠償請求権について次のような見解を示す。

・国際法上、個人の生命、身体及び財産などの権利・利益を保護する場合でも、国家による国際法に違反する行為に対しては、被害を受けた個人が属する国家が、外交保護権を行使して加害国に対して損害賠償等を求めるという方法によって間接的に被害の救済を実現することを予定しているにすぎない。

・奴隷禁止条約のなかには、被害者である個人に加害国に対する賠償請求権を取得させる条項はない。それゆえ同条約に基づいて、被害者個人が、加害国に対して直接に損害賠償請求権を取得することを認めたものではない。

・原告らが、奴隷禁止条約または同一内容の国際慣習法に基づき、被告国に対し、直接に賠償請求権を有してはいない。

・強制労働条約を根拠として原告らが賃金に属さない損害賠償を請求する権利は行使できない。違法な強制労働について、損害賠償請求権は個人に付与されていない。

・婦女売買禁止条約には、被害者個人に、同条約に違反した国家に対する損害賠償請求権を認める規定はなく、直接の賠償請求権はない。

・ハーグ陸戦条約三条の賠償責任は、ハーグ陸戦規則違反をおこなった軍隊またはその構成員が属する国家が、違反行為により被害を被った個人の属する国家に対して負担する国家間の賠償責任にとどまり、被害者個人に対し、国際法上の損害賠償請求権を付与していない。

・原告らが戦争犯罪に係る国際法に基づき、被告国に対する損害賠償請求権はない。

・「人道に対する罪」の被害者は、「人道に対する罪」に係る国際慣習法に基づいて、直接に加害者の属する国家に対する賠償請求権はない。

・国家責任解除義務の効果としての請求権について――国際法は、被害を受けた個人が属する国家が、外交保護権を行使して加害国に対して損害賠償等を求めるという方法によって間接的に被害の救済を予定しており、加害国は、被害を受けた個人の属する国家に対して侵害した利益を回復すべき義務を負い、それを履行することによって、国際法上の国家責任が解除されるものと解される。国家責任解除義務の効果として、加害者の被害者個人に対する賠償義務等が発生することにはならない。

・したがって、国家責任解除義務の効果として損害賠償請求権等が発生するわけではないので、これを根拠として原告側の被告国に対する損害賠償請求は理由がない。

ユス・コーゲンス（強行法規）違反に基づく請求権について、判決は次のような見解を示す。

・軍隊による組織的な強姦行為を禁止する国際法上の強行法規が存在するとしても、それに違反した国家に対し、被害者個人に対する直接の被害回復措置をとるべき国際法上の義務を課している強行法規的な国際法規範が存在しているとはいえない。したがって、原告側の被告国に対するユス・コーゲンス違反に基づく請求は理由がない。

強制労働条約に基づく請求権について、判決は次のような見解を示す。

・原告らが主張するような「慰安婦」に従事させられることが強制労働条約の禁止する強制労働に当たり、被告国に国際法上の国家責任が成立する余地があるとしても、賃金に属さない損害についての賠償請求権はない。

・強制労働条約が違法な強制労働についての損害賠償請求権を個人に付与したものとは認められない。したがって、同条約に基づく原告らの請求権は理由がない。

次に②「民法の不法行為責任」について、判決内容を紹介していく。まず、いわゆる「国家無答責の法理」について判決は次のようにいう。

・大日本帝国憲法下では、現行の国家賠償法のような公権力の行使（権力的作用）についての賠償責任を認める根拠規定がない。重大な人権侵害であることを理由に、「国家無答責の法理」が適用されないという解釈をする余地はないというべきである。

・現憲法の各条項において、国家賠償法施行（一九四七年）の公権力行使による損害について、遡って国の賠償責任を認めるものはみあたらない。

・ポツダム宣言は、敗戦国日本の戦争被害に関する処理や被害者個人に対する損害賠償等の義務を規定したものではなく、同宣言の受諾によって、被告国が国家無答責の法理を放棄したとはいえない。

除斥期間の経過について、判決は次のようにいう。

・不法行為による損害賠償請求権は、不法行為の時から二十年間を経過したときに消滅する。かりに原告側の主張する行為について被告国の不法行為責任が成立するとしても、原告側の請求権は消滅している。

・原告側は、損害賠償請求等の権利行使が可能になったのは、台湾において原告らの救済活動が開始された一九九五年以降のことであり、除斥期間の起算点も同年である旨主張する。しかし、被害者側の認識のいかんを問わず、一定の時の経過によって法律関係を確定させるため請求権の存続期間を画一的に定めたもので、除斥期間の起算点を「不法行為ノ時」としていることからすれば、事実上の権利行使が可能となった時点を起算点とする原告側の主張は採用できない。

次に③「国家賠償請求」についての判決内容を紹介する。

立法不作為の違法性について、判決は次のようにいう。

・国会議員の立法行為は、本質的に政治的なものであり、その性質上、法的規制の対象になじまず、特定個人に対する損害賠償責任の有無という観点から、あるべき立法行為を措定して具体的立法行為の適否は法的に評価することは原則的には許されない。

・国際法上の国家責任解除の方法として被害補償立法をおこなうことも一つの手段といえるが、一義的に被害救済に関する補償立法をおこなうべき作為義務があるとはいえない。そもそも、国際法上の国家責任解除の義務は、加害国が被害を受けた個人の属する国家に対して負う義務であって、公務員が個人に対して負担する職務上の義務に違反する行為を前提とする国家賠償法が適用される余地はない。

責任者不処罰の違法性について、判決は次のようにいう。

・原告側が国の公務員の義務違反の根拠として主張する国際法上の国家責任は、相手方である国家に対する国際法上の義務であって、被害者個人に対して負担する義務ではないから、かりに何らかの義務違反があったとしても、国家賠償法上一条一項の違反とはいえない。
・犯罪の捜査及び検察官による公訴権の行使は、国家及び社会の秩序維持という公益を図るためにおこなわれるものであって、犯罪の被害者の被侵害利益ないし損害の回復を直接の目的とするものではない。原告側が責任者処罰がなされていないことを理由として被告国に対し、国家賠償を求めることはできない。

次に④「公式謝罪請求について」は、請求の趣旨は抽象的であり、被告国の作為義務の内容が具体的に明らかでなく、請求の趣旨の特定を欠くものとして不適法であるとして、原告側の請求を斥けた。

以上が台湾元「慰安婦」訴訟の東京地裁判決の内容である。読者はすでに気づかれているように、被害女性が受けた被害の事実と、彼女らがその後、半世紀以上にわたり沈黙せざるを得なかった事情についての考慮はひとかけらも示されていない。かびの生えたような古くさい法律解釈の羅列ばかりで、戦争犯罪の事実に向きあう姿勢はまったくみられない。

侵略戦争を発動し、戦争犯罪を犯しながらも今なお隠蔽、歪曲、否認し続ける日本政府に、司法当局は明確に加担したというべきであろう。

日本軍「慰安婦」(軍性奴隷制)問題は、決して過去の問題ではない。二〇〇三年三月二十日、米英軍によるイラク攻撃をいち早く支持した小泉政権は、明らかに戦争国家への道を歩きはじめている。日本の侵略戦争による、痛ましい犠牲者である「慰安婦」被害者は、自らの人権回復と、法の正義を求めてたたかいに立ち上がった。にもかかわらず、日本司法当局は、彼女らの訴えを全く無視し、日本国家の犯した戦争犯罪の密閉化に手を貸したのである。突き詰めていうなら戦争犯罪の「無罰化」に加担することにより、司法当局は、戦争国家に突き進む現日本政府に対し、戦争への道にゴーサインを送った、ともいえる。歴史を顧みれば、司法当局は、敗戦後一貫して司法の戦争責任を回避してきた。いままた権力に追随し「正義」を打ち砕くのみならず、「無罰化」を通じ、事実上、新たな戦争犯罪をつくり出す方向へ、日本司法当局は大きく舵を切った、と断罪されてもいたしかたない。

「慰安婦」問題は、「過去」の問題でもなければ、たんなる被害者救済問題でもない。人間としての生きる権利と尊厳が徹底的に踏みにじられた人権問題であり、「無罰化」に加担、共有する日本社会そのもののあり方が問われている問題なのである。

［付記］スペースの問題で、台湾「慰安婦」被害女性の「送出」や被害実態、その後のトラウマ、スティグマなどについては言及できなかった。これらについては、差しあたっては、以下の著作類を参照されたい。

駒込武「台湾植民地支配と台湾人『慰安婦』」、中村ふじゑ「台湾・原住民族イアン・アバイさんの場合」、柴洋子「台湾・盧満妹阿媽の被害とその後」、同「台湾・婦女救援基金会と『国民基金』」（以上、いずれもＶＡＷＷ－ＮＥＴ　Ｊａｐａｎ編『日本軍性奴隷制を裁く――二〇〇〇年女性国際戦犯法廷の記録　第三巻「慰安婦」・戦時性暴力の実態Ⅰ』〔緑風出版、二〇〇〇年〕所収）。なお、第一審判決後、原告側は直ちに控訴し、二〇〇三年三月十二日、控訴審第一回口頭弁論がおこなわれた。

［追記］二〇〇三年三月末に、韓国人戦争犠牲者らが日本国を相手に損害賠償、公式謝罪を求めていた六つの戦後賠償裁判が相次いで最高裁判所によって上告棄却、上告不受理の決定を受け、原告敗訴が確定した。六件のうちに、第一審（山口地裁下関支部）で原告女性たちの一部が勝訴（第二審で逆転敗訴）した

関釜裁判（三月二十六日）、第二審（東京高裁）で国の国際条約違反の可能性を認定させながら敗訴した在日韓国人元「慰安婦」（宋神道さん）裁判が含まれる。さらに四月二十四日、中国山西省性暴力被害者東京地裁判決でも原告敗訴が言い渡された（なお、同判決は「付言」で、被害者に対する立法的・行政的救済措置が望まれる、と述べている）。しかし、いずれにしろ自国政府の言い分と意向を大きく反映させた判決というほかない。

韓国の代表的な進歩的新聞『ハンギョレ』三月二十七日付「社説」は、関釜裁判最高裁判決を批判して次のように述べている。

「日本の最高裁判所が、二十五日、『日本政府は、慰安婦に対して賠償する必要がない』という判決を下した。これによって五年間引きずってきた『下関訴訟』は敗訴した。もちろん、日本最高裁判所の判決が軍隊『慰安婦』問題解決の最終的な判断根拠となることはできない。しかし、日本最高裁判所の今度の判決は、文明社会の一員である一つの国の法と法解釈が人類の普遍的価値に立脚しないまま、自国政府の立場のみ考慮した、時代に逆行するものである。［中略］軍隊『慰安婦』は、日本軍国主義が犯した犯罪のなかでももっとも醜悪で残忍な行為であった。九六年国連人権委員会は軍隊『慰安婦』の人権侵害を明白にし、国際法違反と規定し、国家次元の損害賠償と責任者処罰、資料公開、教科書改訂などを日本政府に勧告した。全世界、市民・人権団体等が連帯して日本と裕仁天皇（日王）を戦犯として起こされた東京とハーグの民間法廷も日本政府が軍隊『慰安婦』システム（組織）を設置、運営したことを確認し、『国家が認可した強姦』に対する有罪判決を下した。軍隊『慰安婦』問題は、すでに日本の法律的解釈にまかせられないことが明らかになった。［中略］軍隊『慰安婦』を運営した過去の政府の責任を受け継がねばならない現・日本政府と、日本最高裁判所の法律解釈まで引っくるめて、国際司法裁判所と国際刑事裁判所の法廷に起訴することなど国際社会で解決する道を探っていかなければならない」（拙訳）。

日本司法当局は、右のごとき海外の世論を重く受け止め、被害者の正義回復に向け、襟を正さねばならない。

［**本書収録に際し追補**］台湾人元「慰安婦」損害賠償・謝罪請求訴訟は、第二審（東京高裁）で二〇〇四年二月九日棄却、第三審で二〇〇五年二月二十五日棄却で、敗訴が確定（詳しくは、「〈第七回公開フォーラム〉戦後補償裁判の現況と今後の課題――二〇〇五年戦後補償裁判の到達点と今年の課題を考える――」〔二〇〇六年一月二十七日・弁護士会館〕における配布資料集などを参照）。ちなみにその他の「慰安婦」訴訟もことごとく敗訴。現在、係争中の「慰安婦」訴訟は、「中国海南島戦時性暴力被害訴訟」があるが、二〇〇六年八月三十日、東京地裁で敗訴判決、原告被害者側は直ちに控訴した。

［初出・『未来』二〇〇三年二月号・二〇〇三年三月号・二〇〇三年七月号］

日本軍「慰安婦」（性奴隷制）問題はまだ終わらない

第六回日本軍「慰安婦」問題アジア連帯会議に参加して

はじめに

二〇〇三年四月二十五〜二十六日、韓国・ソウルにおいて第六回日本軍「慰安婦」問題アジア連帯会議（以下、連帯会議）が開催され、わたくしも参加した。このたびの連帯会議は、韓国挺身隊問題対策協議会（挺対協）によって呼びかけられ、主要テーマとしては「国際機構の勧告と二〇〇〇年女性国際法廷の判決実現のために！」が設定された。

「慰安婦」（日本軍性奴隷制）問題が争点化して以来、すでに十二年余の歳月が流れている。が、この間、日本政府は被害女性たちが死に絶えるのを待つかのごとく、「無視」「無策」「不作為」を決め込んでいる。被害女性たちの切なる声も、支援団体の当然すぎる要求も、国際機構などの再三にわたる勧告にもいっさい耳を傾けることなく、無視しつづけている。そればかりか、「国民基金」（女性のためのアジア平和国民基金。略称として「アジア女性基金」とも呼ばれる）のごとき得体のしれない半官半民の組織（一九九五年設立）をつくって、被害者・支援団体間を攪乱させ、分断を図り、動揺を誘って、人権問題から金銭的問題への歪曲を狙った。

右のごとく、日本政府は犯した罪を認めないばかりか、罪の事実を隠蔽・曖昧化・封殺するために次々と罪を重ね続けているのが、今日にいたる姿勢・対応である。さらに痛恨をもって確認しなければならないのは、日本政府のかくのごとき姿勢を許容し、直接、間接的に支持を与えているのは日本社会である。日本社会を構成している一員として日本人一人ひとりがその責めを負わねばならないだろう。

こんな思いを深めて、わたくしは会議終了の二十六日夜、仁川空港から帰国の途についた。

挺身隊研究所・高恵貞さんの調査報告

今次連帯会議には、いま、アジアで猛威を振るっているSARS（新型肺炎）のため、当初、参加を予定していた北朝鮮、台湾、中国、フィリピン、インドネシア、東チモール、オランダが欠席を余儀なくされた。アフガニスタンからもRAWA（アフガニスタン女性革命協会）メンバーの参加が見込まれていたが、残念ながらこれも不可能となり、海外からは日本からの在日韓国・朝鮮女性を含む約三十人が出席するにとどまった。

米軍によるイラク侵略戦争のあとに、次は米軍による北朝鮮への「先制攻撃」が危ぶまれるなかで図らずも迎えたのがこのたびの連帯会議であった。日本国内では、米軍の圧勝により日本版ネオコン（ネオ・コンサーバティブ）が勢いを増し、右傾化・軍国化をこのときとばかりに推し進めている。これに連動して、いわゆる「拉致」事件を奇貨にした「北朝鮮バッシング」勢力がメディアを横領し、ますます跳梁跋扈し、「日本国民」への、北朝鮮の脅威を猛然と煽りたてている。まるで五十三年前の朝鮮戦争勃発時（一九五〇年）と、八十年前の関東大震災（一九二三年）時の朝鮮人・中国人大量虐殺の状況が二つともに重なって、二〇〇三年のいまに到来しているかのごとき感を抱きつつ、わたくしは今度の連帯会議に臨んだ。

このような危機感を底流にたたえながらも、連帯会議は粛々と議事が進められた。

韓国における活動報告が、挺対協および挺身隊研究所からおこなわれた。とくに長年、挺身隊研究所で調査活動に携っている高恵貞《コヘジョン》氏の報告は、わたくしたちに「慰安婦」問題の罪深さをあらためて強く刻印するものであった。高恵貞さんの報告（「中国残留朝鮮人被害者に関する調査報告と今後の対策」）では、日本軍によって連行され、性奴隷となり、日本敗戦後、遺棄され、中国などに残留させられた元「慰安婦」被害女性についての実態がたんたんと語られたが、その静かな口調にかえって高恵貞さんの怒りと悲しみがこめられていた。高さんは結論を次のように締め括った。

・日本軍性奴隷だった韓国人被害者たちはいまにいたるも故郷に帰れない。その責任はまず日本にある。
・彼女たちは二重の苦しみにさいなまれている。植民地女性としての苦しみと分断された国家のはざまにあっていまも苦しんでいる。
・冷戦体制は、被害者たちをさらに苦しめた。彼女たちは韓国史のみならず世界史の犠牲者でもある。
・日本軍「慰安婦」政策を立案、実施した日本の非人道的、反人権的犯罪行為はいまだ継続している。連行して性奴隷化した罪、敗戦後、遺棄した罪、いまにいたるも原状回復のために努力せず怠っている罪をも厳しく問いただされなければならない。

日本からの活動報告

日本側からは、在日韓国民主女性会、バウネット・ジャパン（「戦争と女性への暴力」日本ネットトワーク）、「女性・戦争・人権」学会、「慰安婦」問題の立法解決を求める会、在日の慰安婦裁判を支える会、日本キリスト教会等から、それぞれ活動報告がなされた。

ここでは、裁判報告についてのみ、紹介する。この三月末に六つの戦後賠償裁判がいっせいに上告棄却、上告受理棄却の決定を受け、門前払いを食らわせた。さらに四月二十四日には、中国山西省性暴力被害者裁判東京地裁判決でも原告敗訴が言い渡された。在日の慰安婦裁判を支える会・下関判決を生かす会の梁澄子《ヤンチンジャ》氏は、これらの判決をくだした判事たちには被害者の苦しみに対する無視、そして想像力の欠如を強く指摘し、さらに判事たちには苦悩の色がまったく見えなかったと、憤りとやり切れなさをこめて報告をおこなった。これはこの連帯会議に参加しただれもが共有する思いだったにちがいないだろう。自国中心主義の国家権力に追従し、国際法の恣意的解釈と、賠償立法の国内法不備を盾にとり、被害者の「正義」回復を封殺する日本司法こそ裁かれなければなるまい。

「武力紛争下の重大な性暴力被害者救済に関する準則」草案の発表

さて、五年前の九八年四月、ソウルで開かれた第五回連帯会議での主要なテーマは、「慰安婦」制度・政策に重大な責任を有する者の「責任者処罰」だった。責任者の不処罰こそが、犯罪を否認させ、被害者への公式謝罪・法的賠償を回避させ続けている、との認識がようやく浸透し、「責任者処罰」が第五回連帯会議でいっきょに焦点化した。このとき松井やよりさん（二〇〇二年十二月二十七日逝去）の提案で、「女性国際戦犯法廷」（女性法廷）が提案され、満場一致、可決をみた。法廷開催のため、同年六月バウネット・ジャパンが正式発足・結成、韓国挺対協など海外の被害者支援団体、世界のフェミニスト、市民たちが連帯・連携し、「死にものぐるい」の活動が始まった。なかでも提唱者・松井さんの活躍はめざましく、結果的に彼女はその命を縮めたといえよう。二〇〇〇年十二月、東京で開かれた女性法廷は、戦後史のタブーとされてきた昭和天皇の有罪判決を勝ちとり、翌二〇〇一年十二月のハーグ法廷ではより明快かつ「ジェンダー正義」に基づく最終判決を獲得した。

このたびの連帯会議開催の大きな目的の一つは、このハーグ最終判決をいかに実現させるか、にあった。ハーグ最終判決は、非常に大部なものであり、このためバウネット・ジャパンは、女性法廷で日本検事団を構成した法律専門家らの助力を得て、ハーグ判決をベースに「法的準則」作りに着手し、今次連帯会議で被害者主体、継続的侵害、ジェンダー視点、正義へのアクセス、被害者の賠償を受ける権利などを盛り込んだ「武力紛争下の重大な性暴力被害者の救済に関する準則」草案を発表した。同準則は今後の国際人権機関等への働きかけに大きく資するものとなろう。

挺対協共同代表（常任）・申恵秀氏の発題報告

一方、韓国側からは新たに挺対協共同代表（常任代表）に就任（二〇〇三年四月二十二日就任）した申恵秀《シンヘス》氏から今後の運動方向についての発題報告がなされた。それはⅠ日本軍「慰安婦」問題に対する挺対協の要求事項、Ⅱ日本政府の反応、Ⅲ挺対協運動の国際的成果、Ⅳ今後の運動方向、の四つから成っている。なお、申恵秀氏の発題報告は、日本語に訳されていないのでとりあえずわたくしが翻訳する。ここでは今後の活動指針となるⅣの「今後の運動方向」について、具体的に紹介しておこう（一部省略）。

1　現在までおこなってきた運動のなかで継続させること

①真相究明

②生存者福祉
③歴史教育
④歴史館、記念館、資料館の建立

2　新しい国際活動の方向

(1)　国連人権委員会での活動

①一九九二年に国連に問題提起して以来、「慰安婦」問題は、女性人権分野で国際的に大変成功したキャンペーンとみなされる。
②しかしながら、一九九七年頃からいま、「慰安婦」問題についての関心は薄れ、長期間、同じ問題に接するすべての人の関心を継続的にひいていくことが困難な状況である。
③それゆえ、すでに数年前から、国連人権委員会に参加するたびに「慰安婦」問題に集中したフオーラムを開催するよりも「戦時下女性暴力」の問題に一般化してパネルディスカッションを開催し、「慰安婦」問題を他の地域における女性暴力の問題とともに取り上げてきた（例―スリランカ、ビルマ、インドネシア・アチェ、アフリカ・サハラ砂漠南方、ICC等）
④今後も、「慰安婦」問題のみを提起するよりも、「戦時下の女性の人権」問題に包含して、より最近のイシュー（争点）とともに提起することが戦略的に有利である。

（2）戦争と女性・人権センターの活性化

①挺対協に併設して設立されている「戦争と女性・人権センター」を活性化し、次のような活動をおこなうようにする。

a戦時女性人権問題に対する研究と出版

b外国、特にアジアで戦争を経験した国の女性たちとの連帯活動（ベトナム、アフガニスタン、スリランカ、イラク等）

cICC（国際刑事裁判所）のモニタリング

d反戦平和運動

（3）各国（特に被害国および連合国）議会が日本軍「慰安婦」制度に関連した日本戦犯入国禁止法制定運動を展開

（4）日本が国連内で指導的な地位を占めようと試みるとき、これに反対する運動（例――安保理常任理事国進出画策に対する反対運動）

国際連帯運動の新しい方向性と日本社会へのさらなる働きかけを！

右にみられるように韓国挺対協運動は、いままでの運動の成果を踏まえつつ、より新しい国際連帯運動の展開に向けての方向性を打ち出している、といえよう。この「国際化戦略」のうらには、前述したように「慰安婦」犯罪を戦争犯罪として認めず、「無視」や「不作為の作為」等により被害者に対しいまも「継続的侵害」をおこない続けている日本政府や、それを法的に追認する日本司法当局への強い批判、いらだちが底流にこめられていると、わたくしはみる。

十三年目に突入した日本軍「慰安婦」（性奴隷制）問題は、日本政府が意図しているように、決して終わっているのではない。問題は何ひとつとっても解決してはいないのである。わたくしたち日本市民は、自国政府の欺瞞的な「幕引き」を許さず、公的責任を履行させるべく粘り強く働きかけねばならない。これが加害国・日本に居住する市民として果たすべき義務であり、被害国市民と連帯する道である、とあらためてわたくしは考える。

最後に、今次連帯会議で採択された決議文および行動綱領を紹介し、この稿を終えよう。

第六回日本軍「慰安婦」問題アジア連帯会議決議文および行動綱領

二〇〇三年四月二十五日〜二十六日まで、二〇〇〇年「女性国際戦犯法廷」の判決と勧告を実現するために、私たちは韓国ソウルで開かれた第六回日本軍「慰安婦」問題アジア連帯会議に参集した。

二〇〇一年九月十一日の「同時多発テロ」以降、世界では戦争が正義の名のもとに正当化され、人類の悲惨な経験を経て築きあげられた国際法は形骸化している。私たちは、今年三月二十日、米英軍によって起こされたイラク侵略戦争に日韓両政府が加担した現実を痛嘆する。

さらに、二〇〇二年九月十七日に開催された日朝首脳会談以降の日本では、日本人拉致事件を契機に反北朝鮮キャンペーンが繰り返され、有事法制化をはじめとする日本の右傾化は激しさを増している。

そうしたなか日本政府は法的責任を否定した「国民基金」の終了により、国連勧告を無視し、日本軍「慰安婦」問題を葬ろうとしている。そして二〇〇三年三月末、日本の最高裁で争われていた六つの戦後補償裁判に対しいっせいに上告棄却、上告受理棄却の判決が出された。ここには「慰安婦」裁判の先駆けとも言える関釜裁判や在日の「慰安婦」裁判が含まれている。

このような危機的な状況に楔を打つべく、「二度と同じ過ちを繰り返してはならない」というサバイバーたちの訴えを肝に銘じながら、私たちは、以下の行動を提起する。

1、女性国際戦犯法廷の判決と国連の勧告を活用して、日本政府の公式謝罪と法的賠償を実現する。

（1）国連人権機関（国連人権委員会、国連人権小委員会、女性差別撤廃委員会、ＩＬＯなど）に、ロビイング活動を行う。

（2）日本国会に提出され、韓国・台湾の国会でも支持決議がなされた「戦時性的強制被害者問題への解決の促進に関する法律案」が可決されるよう働きかける。

（3）被害各国が日本政府に対し、「慰安婦」問題の解決を求めるよう働きかける。特に、六月に予定されているノ・ムヒョン大統領の訪日に際し、「慰安婦」問題をはじめとする戦後補償問題と歴史教科書問題の解決を日本政府および韓国政府に要請するよう働きかける。

（4）国際的な女性団体・人権団体・労働団体と緊密に連帯する。

（5）「慰安婦」裁判を継続的に支援し、連帯する。

2、日本軍「慰安婦」問題の真相究明と歴史・人権・平和教育を推進する。

（1）「慰安婦」問題の真相究明のために、今後も調査を継続し資料や情報を交換し共有する。

（2）被害者の体験を記憶にとどめ、平和と非暴力の未来をつくるため、「慰安婦」関連資料や文書・映像等を保存する資料館・記念館・平和館の建設を促進する。

（3）歴史教科書や歴史教材に「慰安婦」問題を記述し、次世代に記憶を継承する。

（4）サバイバーの証言活動を支援し、福祉・権益の向上とトラウマの治癒のための多様な活動をおこなう。

（5）各国の若者とともに「慰安婦」問題の解決のために参加の場をより広げる。

3、軍事化に対抗し、武力によらない平和的な解決を求める。

（1）世界各地で繰り返されている武力紛争下の被害者たちと連帯し、女性に対する暴力の根絶に向けて行動する。

（2）武力によらない平和的な解決を求め、北東アジアの平和と安定のために努力し、世界各国の女性・民衆との連帯を促進する。

二〇〇三年四月二十六日

第六回日本軍「慰安婦」問題アジア連帯会議参加者一同

［初出・『科学的社会主義』二〇〇三年六月号］

歴史の否認——「拉致」問題と歴史認識

二〇〇二年九月十七日の日朝首脳会談直後からのすさまじいばかりの拉致キャンペーンに息を呑む思いで毎日、立ち竦んでいる。

もとより拉致被害者・犠牲者問題はおぞましく、悲しく、痛ましいかぎりである。しかしこの悲しみ、痛苦を日本人はなぜ隣人へと思いをはせないのだろうという思いも強い。

拉致キャンペーンで煽られる排外主義と歴史の否認

「朝鮮人死ね！　帰れ」(二〇〇二年九月十七日・神奈川初中高)「このやろう！　ぶっ殺すぞ！朝鮮人、てめえら朝鮮かえれ！」(同九月十八日・東京中高)「お前ら死ね、全員殺してやる」(同九月十八日・東北初中高)「お前ら朝鮮人は八人も殺しあがって、生徒達に同じことをしてやるから覚えとけよ！」(同九月十八日・九州朝高)「日本語しゃべってみろ！　俺は北朝鮮大嫌いだ。朝鮮へかえれ!!　かえらんなら戦争起こすぞ！」(同九月十八日・長野初中)

これは、日朝首脳会談で拉致被害者の消息が発表された直後、日本各地の朝鮮学校にかかってきた脅迫電話のごく一部である。

この他、チマ・チョゴリ姿の女生徒が通行中に投石されたり、背中を突き飛ばされたりなどの暴力が加えられている。

拉致被害者、家族にとっても在日朝鮮人への日本人による迫害、暴力は本意ではないだろう。「二つの国」に生きた、現に生きている彼ら彼女ら被害者こそ国交さえない、非正常な「二つの国」の市民同士の和解と共生を強く願っていることだろう。

拉致はもちろん犯罪である。許しがたき権力犯罪である。真相が究明され、犯罪責任者が法的処罰を受け、被害者は賠償されねばならない。

この公理は、日本の植民地支配や侵略戦争によって生命を失ったり肉親を奪われたり、強制連行・労働、さらには日本軍性奴隷(「従軍慰安婦」)として耐えがたき苦痛を強いられた朝鮮人・韓国人被害者に対しても適用されなければならないはずのものである。そうでなければそれは公理といえず、自己中心主義というものである。

拉致犯罪は、戦後の不幸な日朝関係を背景に産み出された権力犯罪である。米ソ二大国を軸とする冷戦体制、核開発・競争をはじめとする軍事主義、米国の尻馬に乗った日本政府の対朝鮮敵視政策が、一方で北朝鮮によるこの権力犯罪を生み出す土壌の一部を醸成したともいえるだろう。

にもかかわらず、日本のマスメディアや指導的政治家(野党も含め)たちのだれ一人も右のごとき歴史的事情に論及せず、緘黙《かんもく》を守っている。複眼的洞察も示さず、これまた自己中心主義（日本国中心主義）に陥っている。

ここでいくらか日朝関係の歴史をごく簡単に振り返っておこう。一九一〇年、日本は大韓帝国を廃滅させ、武断統治のもと土地調査事業を強行し、朝鮮民衆からその土地を奪い取り、日本「内地」、中国延辺地区、ロシア沿海州などへの難民化をもたらした。一九一九年の非暴力直接行動の三一独立運動に対しては、軍隊・警察を使って武力弾圧し、七五〇〇人をこえる死者を出した。生活の糧を求めて渡日した朝鮮人たちを、一九二三年の関東大震災時、襲ったのが「朝鮮人狩り」だった。震災翌年、在日朝鮮人団が発した声明書の一部を左に掲げる。

「……この悪戯の正体は、僕等朝鮮人に対する所謂流言蜚語にして、曰く『朝鮮人の放火』曰く『鮮《ママ》人の襲来』曰く『朝鮮人の爆弾投下』曰く『鮮《ママ》人の毒薬投入』曰く『掠奪』曰く『強姦』の如きものである。斯くの如き流言蜚語が電雷の如き勢ひで各処へ伝へらるるや、左《さ》らぬだに狼狽せる民心は一層混乱の状態に陥り、彼等は狂犬の如き毒牙を以て、何等の罪なき僕等の同胞五千人余りを虐殺するが如き残虐性を暴露するに至つた。この悪戯は果して何者の使嗾《しそう》に出でたるや是れが調査に種々と苦心して僕等は其の真相を知るに至つた〔後略〕」

（「記憶せよ我同胞日本人よ」、「斉藤実関係文書」所収、国立国会図書館蔵）

デマに惑わされたとはいえ、日本の民衆は、朝鮮人とみるや、「殺《や》っちまえ」のかけ声とともに多くの罪もない朝鮮人を虐殺したのである。さきの声明書にも記されていることだが、「流言蜚語」の「根源」は、日本内務省であった。が、このデマ情報がまたたく間に流布し、日本民衆による残忍な朝鮮人大量虐殺行為（約六〇〇〇人以上の朝鮮人が軍隊・警察や民衆によって殺害され、そのうち三分の一が民衆＝自警団によって虐殺されたという）にかりたてた事実をわたくしたちは直視しなければならない。天皇を神（戦後は「象徴」）とし、自国民優越意識にどっぷりと浸る一方、アジア民衆を蔑視・敵視していた民衆意識があらためて問われねばならないだろう。さらにはその民衆意識を醸成・操作した支配イデオロギーや、イデオロギー装置をもしっかりと分析されねばなるまい。なお、付言すれば、この朝鮮人虐殺について、八十年を経たいまも日本政府は政府自身によるきちんとした調査報告書を公表していないことも銘記しておきたい。

さて、戦時中の日朝関係だが、本誌（『現代思想』）の読者には多くを語るまでもなかろう。強制連行にしても「慰安婦」連行にしてもまぎれもなく「拉致」だった、というだけで十分であろう。

日本敗戦時、日本「内地」だけでもおよそ二四〇万人の朝鮮人が在留していた。在日朝鮮人の存在こそ、日本帝国主義、軍事大国主義による朝鮮植民地支配と侵略のまさしく落とし子であろう。彼女ら彼らは好むと好まざるとにかかわりなく、日本社会での生活を余儀なくされた存在であった。

日本敗戦（朝鮮解放）後、在日朝鮮人は人権を保障されただろうか。一九四七年五月三日施行の日本国憲法は保守政権の策略によりその第十条で国籍条項がもうけられ、基本的人権の享有を「日本国民」に限り、在日朝鮮人を排除した。その前日の五月二日、最後の勅令として公布された外国人登録令はその第十一条で、在日朝鮮人等を「当分の間これを外国人とみなす」として居住権を否定した。「解放民族」としての待遇もせず、その意思にかかわりなく無理やり「日本国民」とした歴史をも顧みず、「恩恵的」に日本居住を許すというのが傲慢なる日本政府の基本的スタンスであり、日本を軍事占領したＧＨＱ（連合国軍総司令部）もこれを支持した。

傲慢なる日本政府の朝鮮人蔑視・敵視を露骨に表現しているのは、吉田茂首相が一九四九年、ＧＨＱ最高司令官ダグラス・マッカーサーに宛てた次の手紙である。やや長くなるが引用する。

「朝鮮人居住者の問題に関しては早急に解決をはからなければなりません。彼らは、総数一〇〇万に近く、その約半数は不法入国であります。私としては、これらすべての朝鮮人がその母国たる半島に帰還するよう期待するものであります。その理由は次の通りであります。

（１）現在及び将来の日本の食糧事情からみて、余分な人口の維持は不可能であります。米国の好意により、日本は大量の食糧を輸入しており、その一部を在日朝鮮人を養うために使用しております。このような輸入は、将来の世代に負担を課すことになります。朝鮮人のために負っている対米負債のこの部分を将来の世代に負わせることは不公平だと思われます。

（2）大多数の朝鮮人は、日本経済の復興にまったく貢献しておりません。

（3）さらに悪いことには、朝鮮人の中で犯罪分子が大きな割合を占めております。彼らは、日本の経済法令の常習的違反者であります。彼らの多くは共産主義者並びにそのシンパで、最も悪辣な種類の政治犯罪を犯す傾向が強く常時七〇〇〇名以上が獄中にいるという状態であります。［後略］」

（原文は英文。マッカーサー記念館所蔵。田中宏『在日外国人　新版』岩波新書、一九九五年、より重引）

英国仕込みのジェントルマンといわれ、戦後日本の「名宰相」ともうたわれる吉田だが、右の文書を見る限り、悪質なレイシストと呼んでも許されよう。ちなみに彼は親米政策を軸に、一九五四年まで長期政権を保持し、戦後日本の政治体制を形づくった。

しかし、振り返ってみるとこの吉田政府の朝鮮人敵視政策は、米国の冷戦政策に支えられていた。四五年八月十五日、植民地支配から解放された朝鮮半島ではただちに呂運亨《ヨウンヒョン》を中央委員長とする建国準備委員会が発足、九月六日には建国準備委員会が代表者会議を開き、朝鮮人民共和国の発足を宣言。李承晩《イスンマン》、呂運亨、金九《キムグ》、金日成《キムイルソン》ら独立運動右派から社会主義者にいたるまで加わった統一戦線により、朝鮮人民自らの共和国が誕生。ところが翌七日、ダグラス・マッカーサーは、三八度線以南に軍政を布くという米軍政令布告を発表、翌月十日には米軍政長官アーノルドが朝鮮人民共和国否認、南朝鮮における唯一の合法政権は米軍だとし、朝鮮人民の自決権をふみにじった。加えて、その後の米英ソ三国の外相によるモスクワ外相会議によって南を米、北をソ連が信託統治することを決定、今日にいたる朝鮮半島分断の悲劇の端緒をつくった。この間、南では李承晩が米国と結んで政権を掌握、呂運亨（四七年九月）、金九（四九年六月）らの政敵を暗殺させた。四八年五月、米軍統治下にあった南では、単独選挙をおこない、八月十五日李承晩を大統領とする大韓民国を建国、それを追うように翌月九日北では朝鮮民主主義人民共和国が誕生、南北分断が固定化した。

五〇年六月二十五日、朝鮮半島で冷戦が熱戦となり、戦争が勃発、米軍・韓国軍と朝鮮人民軍・中国義勇軍が激しい戦闘を繰り広げ、民間人死者だけでも三十七万人、離散家族五百万人以上が生まれた。この朝鮮戦争に対し、日本政府は米軍に飛行場や港を積極的に提供し、兵站基地・中継補給基地としての役割を果たし、米軍の朝鮮半島爆撃に協力。また日本財界は、朝鮮戦争を「天佑神助」として歓迎し、実際、朝鮮「特需」でぼろもうけし、戦後日本の経済復興の礎を築いた。

こうしてみると、日本は朝鮮植民地支配の清算はおろか、戦争終結に伴う戦後処理をサボタージュしたのみならず、米国の冷戦政策にのって南北分断に加担し、戦後賠償を回避し、冷戦体制の旨味を吸ってきたのである。

女性の人権認識に希薄な日本司法

一九九〇年代はじめ、冷戦体制の崩壊とともにアジアの戦争被害者・犠牲者たちが沈黙の闇を破っていっせいに対日賠償要求運動を開始した。なかでも日本軍の性奴隷とされた、元「従軍慰安婦」被害女性の叫びは、「わたくしたちの心を激しく揺さぶった。「わたしの青春を返せ」「ふつうの人のように結婚し、家庭や子どもを持ちたかったのに、日本はそれを奪った」といった悲痛な叫びにわたくしたちは胸がつぶれる思いだった。彼女らの運動が始まってから十年以上も経過するのに日本政府と日本社会は少しも応えていない。まともな真相調査さえ一度もおこなっていない。まさに血も涙もない態度といえよう。

血も涙もないのは日本政府ばかりではない。日本司法も実に非情である。拉致被害者五人が帰国した去る二〇〇二年十月十五日、東京地裁で一つの判決が下った。かつて日本軍によって「慰安婦」として連行され、監禁された状況で台湾内やその他の地域で組織的、経済的に性行為を強要されたことにより多大な精神的損害等を被ったとし、日本政府に対し損害賠償と公式謝罪を求める台湾籍元「従軍慰安婦」被害者たちが提訴した裁判である（一九九九年提訴）。この訴えに対し判決は事実認定さえせず、原告らの要求に対しては①被害者個人が加害国に対し損害賠償を請求する権利はない、②「国家無答責の法理」から「原告らの民法上の不法行為に基づく請求は理由がない」、③「原告らの国家賠償法に基づく請求は理由がない」として、ことごとく却下し、全面敗訴をくだした。古くさい法理をつぎあわせただけの、原告らの余儀なく強いられた痛苦の人生に対する一片の思いやりもない判決である。

しかし、この種の判決は、これにとどまらない。四十以上も提訴されている戦後賠償裁判もごくわずかを除いて被害者らの人権回復・救済に冷酷である。人権は普遍的課題なのに日本の司法界も自己中心主義（日本国中心主義）に陥っている。

国交は開かれねばならない

最後にこのたびの日朝首脳会談と平壌宣言について私見を述べたい。戦後五十七年間も国交が非正常だったこと自体、異常であった。速やかに両国に国交が開かれ、両国の市民が自由に往き来できるよう正常化を急ぐべきである。人びとの交流と友好・連帯こそ和解と共生の第一歩である。

首脳会談に臨んだ日朝両首脳の打算や思惑について、わたくしなりの疑念もあるが、スペースの関係もあり、詳しく述べられない。両首脳に自らの政権の維持や浮揚の意図があったことは疑いようがない。

それはさておきより重大なのは、平壌宣言第二項で明らかなように一九六五年の日韓基本条約・請求権協定と同じ「経済協力」方式で妥協が図られ、日本の植民地支配や戦争責任問題が再び曖昧化され、決着化されようとしていることである。男権家父長制の性差別社会で半世紀もの間、無視され続け、ようやく告発の声をあげはじめた日本軍性奴隷制被害者の問題も棚上げされ、政治決着されそうな雲行きである。性奴隷制被害者たちは、この十年余、日本政府に対し自分たちに加えられた犯罪を国家犯罪として認め、公式謝罪、法的賠償、真相究明、歴史教育、責任者処罰等を掲げて粘り強くたたかってきた。世界の女性・市民の連帯によって開催された民衆法廷「日本軍性奴隷制を裁く女性国際戦犯法廷」(松井やよりさん提唱)は、国際人権人道法やジェンダー・ジャスティス(ジェンダー正義)に基づき、被害女性の苦痛、訴えを丁寧に聞きとり、正義と人権回復を求める声で満ちた。昨年二〇〇一年十二月の「女性国際戦犯法廷」ハーグ判決では、最高責任者・昭和天皇有罪が明確に認定されるとともに、女性に対する暴力の不処罰の循環を断ち切るべく画期的な判断がくだされた。わたくしたちはこのハーグ判決を出発点に、権力者による政治的決着を許さず、真の人権確立と戦争廃棄の道を求めてたたかっていきたいと思う。

おわりに一言。この間の「拉致」報道に苦言を呈したい。歴史認識を欠いた、排外的なナショナリズムを煽りたてるような報道は、それ自体暴力である。和解と共生をめざすような冷静なメディア報道を望みたい。

「拉致」犯罪は、権力犯罪として厳正に処罰されなければならないが、「拉致問題」を梃子に日本の軍事大国を図る一部の動きも潜んでいるようでまことに不気味である。

「拉致議連」副会長で保守党衆議院議員の小池百合子氏(現・自由民主党所属)は、『論座』編集部のインタビューに答えて、北朝鮮の脅威に対処するにはスパイ防止法や通信傍受法はもとより北朝鮮「暴発」に備えての「有事法制を早く整備すべき」と説いている（「消えぬ脅威、暴発の危険性」『論座』二〇〇二年十一月号参照）。歴史を否認し、人道・人権問題である「拉致」事件を政治利用し、エスノセントリックなナショナリズム、排外主義と導き、軍事大国への野望が仄みえる。

「拉致」被害者家族の背後にどす黒い影を感じるのはわたくしだけであろうか。

［本書収録に際し追補］この稿を発表した以降、元「慰安婦」についてのメディアの報道は激減した。しかし日本内外での運動は粘り強く続けられている。「慰安婦」問題の立法解決を求める会を中心に、「戦時性的強制被害者問題解決促進法案」は、心ある国会議員と連携して立法による解決運動を展開、国外でも日本の同盟国である米国・下院の国際関係委員会でごく最近にいたり左のような、日本政府への勧告を含む決議案を満場一致で採択した（二〇〇六年九月十三日）。

「〔前略〕

（1）一九三〇年代から第二次大戦の期間をとおしてアジア太平洋諸島の植民地占領期にいわゆる『慰安婦』として知られる若い女性の性奴隷にしたことに対し、公式に認知し、責任を受け入れるべきである。

（2）この恐ろしい人道に対する罪について、現在と未来の世代に教育すべきである。

（3）二度と「慰安婦」の支配と奴隷制が起きないよういかなる要求に対しても公式に、強く、繰り返し反論すべきである。
（3）『慰安婦』に対する敬意をもって国連およびアムネスティー・インターナショナルの勧告に従うべきである。」

この決議は、『連合ニュース』（二〇〇六年十月八日）の報じるところによれば、七年前から第二次大戦当時の「慰安婦」問題の責任を認めるように日本政府に対する決議案が米議会に提出、採択のための努力が重ねられてきたという。今回、米国・下院国際関係委員会で決議案が採択されるにいたり、日本政府が決議案阻止のために大物ロビイストに月七万ドルを支払い、ブッシュ政権にも働きかけているという（詳しくは、「慰安婦」問題の立法解決を求める会・プロジェクト・シナプス編刊の『風のたより』二〇〇六年十月二十四日、同十一月十五日号参照）。日本政府は廉知を知れ、とわたくしは強く主張したい。

［初出・『現代思想』臨時増刊号、二〇〇二年十一月十五日］

第四章

歴史認識と植民地責任・戦後責任

扶桑社『新しい歴史教科書 改訂版』批判

不採択運動を地域からいますぐ広げよう

はじめに

この春（二〇〇五年）の文部科学省による教科書検定で、扶桑社を含む八社の中学校歴史教科書が検定を通過、現在、各地で見本本の展示会がおこなわれ、八月中には採択される。歴史教科書は、その性格上「国民」の歴史認識形成に大きな影響を与えるもので、ゆるがせにできない。本稿では「新しい歴史教科書をつくる会」編の扶桑社版『新しい歴史教科書』（以下、扶桑社教科書と略記）の内容を紹介し、その問題点を指摘し、批判を加える。

まず最初に、扶桑社教科書の特徴を簡単に記すなら、以下のようにまとめられる。

①戦争肯定、好戦主義的叙述に貫かれている。
②武士道を称揚、「国防思想」を生徒の頭に刷り込もうとの意図がみえみえである。
③天皇中心の「皇国史観」「国体思想」が色濃く反映されている。

④「国家エリート」史観が突出、民衆は歴史の客体的存在として描かれている。
⑤自国・自民族中心主義（エスノセントリズム）、自国優越観で一貫している。
⑥アジアに対する侵略や植民地支配への加害性の認識は皆無で、自己正当化が顕著。
⑦民衆運動・女性・マイノリティの軽視・無視。

1　前近代史の叙述について

目立つ戦争や侵略の肯定的評価

扶桑社教科書では、好戦的記述や戦争の肯定的記述は、近現代史にとどまらない。戦国時代、織田信長が鉄砲を用い、当時、最強を誇っていた甲斐（山梨県）の武田勢を打ち破った、長篠の戦いに関連させ、こう述べている。

「鉄砲の使用は、それまでの戦闘の方法を大きく変えて、全国統一を早めるという効果をもたらした」（九二ページ）

ここには、戦国時代の争乱のなかで住居や田畑を失い、困窮し、苦しむ民衆への視点はまったくみられない。「国家統一」のためには、戦争さえ堂々と正当化されているのである。

このような戦争肯定の傾向は、豊臣秀吉の朝鮮侵略戦争であるいわゆる「文禄・慶長の役」（韓国では「壬辰倭乱」といわれる）についての記述にも表れている。

「約一〇〇年ぶりに全国統一を果たし、秀吉の意気はさかんだった。秀吉は、中国の明を征服し、天皇とともに大陸に移り住んで、東アジアからインドまでも支配しようという巨大な夢をもつにいたった」（九七ページ）

壬辰倭乱が、朝鮮の人びとにどれだけの苦痛と犠牲を強いたのか、秀吉軍が朝鮮人を片っ端から捉え、鼻や耳を削ぎ取るなどの残虐行為をおこない、また陶工や奴婢などとして多くの朝鮮人を日本に拉致し、肉親からもぎとった事実などはことさら隠され、「侵略」を「夢」と語らせる、歴史叙述にはいまさらながら驚くほかない。侵略への野望が「夢」と肯定的に描かれる、この教科書を読む中学生たちは、どのように戦争を認識するであろうか。歴史叙述の名のもとに生徒たちの意識を戦争賛美へと図るものといえよう。

武士道の強調と身分差別の無視

戦争への肯定的記述は、武士道の強調につながっている。「読み物コラム　武士道と忠義の観念」は、赤穂事件を導入に、藩主＝「主君」に忠義を尽した「赤穂浪士」に触れ、こう述べる。

彼らに人気が集まったのは、「主君」に忠義を全うするため命をすてた行動が「金銭万能と思えた元禄時代に、昔ながらの武士道（武士の道徳）を人々に思い出させたからだった」という。

本来、「主君」＝藩主への「忠義」は、俗に「商《あきな》い腹《ばら》」といって、ときには「腹切り」を含め、武士たちが自分の家の存続や自己保身のため、名分として立てていたものである。扶桑社教科書は、ここでも歴史の歪曲をおこなう。このコラムの意図は、次の最後の部分に示されている。

「〔忠義とは〕藩や家を守る責任をもち、その存続のために武士としての最善をつくすことを意味した。のちに幕末になって日本が外国の圧力にさらされたとき、武士がもっていた忠義の観念は、藩をこえて日本を守るという責任の意識と共通する面もあった。このような、公のために働くという理念が新しい時代を用意したともいえる」（一一四ページ）

「公」への「奉仕」は、近代以降、主君＝天皇への「忠義」、「国家」への「奉仕」と、転換される下地がこのコラムには仕掛けられているのである。

江戸時代が一握りの武士階級の支配する時代であったのはいうまでもない。ところが扶桑社教科書では、江戸時代は、「平和で安定した社会」で、武士は治安を維持する義務を負い、行政事務に従事し、それを経済的に支えたのが百姓と町人だったという。「異なる身分の者どうし依存し合いながら」「安定した社会を支えていた」（一〇八ページ）。また江戸時代の「身分制度は、職業による身分の区分であり、血統による身分ではなかったから、その区別はきびしいものではなかった」（二〇九ページ）という。

本当にそうだろうか。「切捨てご免」が公然とおこなわれ、「百姓・町人」の下位に「エタ・非人」といわれる賤民制度をわざわざ設け、厳しい身分階層社会が築かれ、苛酷な収奪がおこなわれていた時代ではなかったのか。それだからこそ、重税に喘ぐ各地の農民たちが断罪覚悟で「百姓一揆」をおこしたのではなかったのか。ここにも階級制社会にことさら目を向けさせまいとする、支配階級の立場に寄り添う歴史観が垣間見える。

天皇を常に日本の中心にする「伝統」刷り込みの狙い

戦前・戦中の日本の「国史」教科書は、いわゆる「天孫降臨」の神話から始まっていたが、扶桑社教科書は、「読み物コラム」としてトップに「神武天皇の東征伝承」、二つ目に「日本の神話」を据えている。これ以外にも天皇の存在が日本の「伝統」であるとあちこちで説かれる。

中世に武家政権が誕生して以降、朝廷は実権を剥奪され、「明治」の「王制復古」で、復権するまでの六七〇年余、逼塞を余儀なくされていた。しかし、扶桑社教科書は、征夷大将軍は天皇より授かるもので、天皇の地位は将軍に勝るものと一貫して描いている。鎌倉幕府を開いた源頼朝も、江戸幕府を開いた徳川家康も天皇・朝廷を敬い、大切に遇していたという。

「江戸幕府の全国統治のよりどころは、徳川家が朝廷から得た征夷大将軍という称号にあった。幕府は、朝廷をうやまいながらも、同時に幕府の意思に従わせようと努めた。幕府は、朝廷を財政的に支援する一方で、禁中並公家諸法度を定めて、朝廷や公家を統制した」（一〇一ページ）

江戸幕府が、幕藩体制保持のため、天皇の「権威」を利用したのは事実だが、「臣従」はあくまで建前であって、実際は江戸幕府の援助や同意なしでは朝廷の財政はもとより、大嘗祭など天皇家の行事一つさえ思うに任せぬ状態にあった。武家政権の管理と支配のもとに朝廷はおかれていたのである。

前掲の記述自体、一読して明らかなように自己矛盾をきたしている。天皇・朝廷が常に日本の歴史の中心をなしてきたと主張したいがために、このようなこじつけ的な解釈や叙述が、天皇についてはとりわけ顕著にみられるのである。

天皇の地位が古代のように高くなく、その存在が蔑ろにされていると思ったからこそ、本居宣長らの「国学」がおこり、幕末期に「尊王思想」が力をましてきたのであるまいか。

2　近現代史の叙述をめぐって

加害記述のさらなる後退

近現代史、とくに十五年戦争・アジア太平洋戦争期を中心にした時期は、教科書検定でもしばしば争点となってきた。近年はとみにアジア諸国とのあいだに政治問題・外交問題ともなっている。一九八二年のいわゆる「近隣諸国条項」以降、近現代史のアジアと日本に関しては、教科書執筆者はじめ関係者の努力によって、それ以前にくらべ充実してきたといえよう。しかし、前回の、扶桑社教科書が初めて登場した二〇〇一年検定のときより、今回の検定ではさらに加害の記述について後退の傾向がみられる。「従軍慰安婦」が全八社の教科書から消えたのはその象徴といえよう。いいかえれば、扶桑社教科書は、その刊行と同時に他社の教科書の内容をも牽制することをも目的としている。

韓国・中国等の被害者や遺族が裁判をおこしてまで、謝罪や賠償を求めているように、これらは「過去」の問題ではない。「近隣諸国条項」のもつ重みをあらためて考える必要がある。

第一次世界大戦後の社会運動の高揚と関東大震災をめぐって

第一次世界大戦後の社会運動では、「米騒動」、労働組合運動、農民組合運動、女性運動、部落解放運動、アイヌ解放運動など社会運動が勃興・高揚したとの記述がほぼどの教科書にもみられる。ところが、扶桑社教科書での民衆運動・社会運動についての記述はしごく簡単である。「米騒動」を「騒乱」と述べていることからもうかがえるように、民衆運動を低く評価し、民衆を歴史の主体としてではなく、客体化している。

関東大震災時の朝鮮人・中国人・社会主義者の虐殺については、たとえば日本書籍新社の教科書が「朝鮮人が井戸に毒をなげこんだ」などの噂が広められ、「数千の朝鮮人や数百の中国人が、軍隊・警察や、住民がつくった自警団によって虐殺された」と記述し、さらにこの事件は「人々が日ごろ朝鮮人や中国人を差別していたためそのしかえしをおそれる心から、流言を事実と思いこんでおこしたものといえる」と、事件の背景に説明を加えているのとは対照的に、扶桑社教科書は、「この混乱の中で、朝鮮人や社会主義者のあいだに不穏なくわだてがあるとのうわさが広まり、住民の自警団などが朝鮮人・中国人や社会主義者を殺害するという事件がおきた」(一八九ページ)と、原因をあたかも「不穏のくわだて」に帰すかのような記述となっている。また「自警団など」とし、官憲の流布・関与を記載していないことも意図的である。

三一独立運動と五四運動をめぐって

扶桑社教科書は、「アジアの独立運動」の小見出しで、インドにおけるガンジーやネルーらのイギリスに対する自治要求運動と並べて、三一独立運動や五四運動にごく簡単に触れているのみである。これではなぜ三一独立運動や五四運動がおこったのか、生徒たちには理解しにくいであろう。また朝鮮の総督政治をそれまでの「武力でおさえつける統治のしかたを変更した」（一八五ページ）という、いわゆる「文化統治」論をもちだし、正当化を図っている。「文化統治」とは、植民地支配の若干の軌道修正にすぎず、本質的には同化政策や、力による支配を継続したものである。日本敗戦＝朝鮮解放まで、絶えることなく続いた朝鮮人の国内外での独立・抗日運動がそれを証明している。

五四運動については、「パリ講和会議で日本が中国の旧ドイツ権益を引きつぐこと」（一八五ページ）に、その原因が単にあったかのような記述の仕方である。五四運動の前に出てくる「第一次世界大戦」の項目中に、「二十一か条要求」の記述があり、中国側は、「秘密とされた要求事項（条項事項）の内容を、列強の介入を期待して内外に知らせ」、「二十一か条要求」と名づけ、このため「中国内の反日世論は高まった」と記述（一八一ページ）し、ここでも歪曲している。

柳条湖事件（「満州事変」）と「満州国」をめぐって

一九三一年、世界恐慌や農村恐慌に苦しむ人びとが増え、不況を解決することのできない政党政治への不信が高まるなかで、軍部がこれを好機として「満州」で軍事発動（柳条湖事件。当時、「満州事変」の呼称を使用）し、以後、足かけ十五年におよぶ十五年戦争・アジア太平洋戦争が始まった。

「満州事変」についての扶桑社教科書の記述は特異さを放っている。まず日露戦争の勝利で、関東州の租借権、南満州鉄道（満鉄）の営業権を譲渡されたとの「既得権益」から説き起こし、そのうえで「昭和初期の満州には、すでに二〇万人以上の日本人が住んでいた。その保護と関東州および満鉄を警備するため、一万人の陸軍部隊（関東軍）が駐屯」「中国人による排日運動もはげしくなり、列車妨害や日本人への迫害などが頻発」（一九六ページ）と記述している。排日の背景はいっさい触れず、また列車妨害、日本人迫害を強調することで、関東軍が「満州事変」を起こした正当化を図っている。

史実を歪め、強引な解釈、牽強付会な記述は、「満州国」の「発展」を述べているくだりにもみられる。「満州国は、五族協和、王道楽土建設のスローガンのもと、日本の重工業の進出などにより経済成長をとげ、中国人などの著しい人口の流入もあった。しかし実際には、満州国の実権は関東軍がにぎっており、抗日運動もおこった」（一九七ページ）。「五族協和、王道楽土」を謳いながら、実際は、そこに住んでいた中国人から土地を安く買いたたき、日本から渡ってきた開拓民に譲与・優遇し、中国人、朝鮮人を差別、搾取したからこそ抗日運動が根強く展開された背景となったのである。敗戦前後、「満州」で棄民化された日本人開拓民が見舞われた「悲劇」の数々（土地を奪われた中国人農民の襲撃や集団自決事件など）、そしていまも、「戦争の傷痕」として存在する「残留日本孤児」「残留女性」などの問題もこうした侵略・差別構造から生まれていることが十分に説明されなければ生徒たちには理解不能であろう。

皇民化政策・大東亜共栄圏と侵略戦争の美化

扶桑社教科書を除く七社の記述は、おおむね「朝鮮・台湾における皇民化」政策を取り上げ、日本語の強制、創氏改名、神社の強制参拝、志願兵制度、徴兵制など具体的に記述している。アジアにおける「強制連行・強制労働」についても同様である。また帝国書院や日本書籍新社などの教科書は、日本が「大東亜共栄圏」を唱えながら、実際は占領地の住民に圧制をおこなったと指摘し、コラム「外国の教科書がとらえる日本の支配」や「さらに深める学習　まぼろしの大東亜共栄圏」などで、その虚像と実像を多角的、具体的に記述している。

これらの記述に対して対照的なのは扶桑社教科書である。一九四三年の「大東亜会議」を大きく取り上げ、植民地各国の自主独立、人種差別撤廃を謳い、以後、「大東亜共栄圏」建設を戦争の名目としてより明確にかかげるようになったと記述している（二〇六ページ）。このように自主独立を謳いながら、日本の植民地下にあった朝鮮・台湾についての独立に一言も言及しないのはまことに不思議なことである。

とはいえども、アジアにおける抵抗や抗日の動きに対して、まったく触れないわけにはいかず、さきの文章に続いて日本の占領地域では、日本に対する「反発もあった。連合軍と結んだ抗日ゲリラ活動もおこり、日本軍はこれにきびしく対処」「戦争末期になり、日本にとって戦局が不利になると、食糧が欠乏したり、現地の人々が過酷な労働に従事させられる場合もしばしばおきた」と書かざるを得ない（二〇七ページ）。しかし、この記述も無理に辻褄をあわせているために一貫性を欠き、自家撞着に陥っている。アジア太平洋戦争に対する肯定は変わらず、「日本の南方進出は、もともと資源の獲得を目的としたものだったが、アジア諸国で始まっていた独立の動きを早める一つのきっかけともなった」（二〇七ページ）と強弁している。

扶桑社教科書の戦争記述にみられるもう一つの特徴は、民衆や女性・子どもたちへの視点がまったく欠落している点である。これは、この教科書を貫く国家エリート・英雄史観のなせる所以であろう。戦争の犠牲者や被害者を「国家」の「奉仕者」と称え、美徳として説いている。自爆作戦ともいうべき特別攻撃隊（特攻隊）の描き方や、「とぼしい武器・弾薬で苦しい戦いを強いられた」日本兵士たちを「敢闘精神を発揮してよく戦った」（二〇五ページ）といったような記述は、戦争の実態から程遠いだけでなく、侵略戦争を美化し、戦争のもつ悲惨さに生徒たちが向き合うことを回避させる。まさに好戦的な記述というほかない。戦時下の欠乏生活に苦しむ民衆の生活についても「このような困難の中、多くの国民はよく働き、よく戦った。それは戦争の勝利を願っての行動であった」（二〇九ページ）と、無前提に愛国心を鼓舞してやまない。

昭和天皇賛美とご都合主義の「戦後」記述

扶桑社教科書は、敗戦に際しての記述のなかで、大日本帝国憲法下の統治権総攬者・陸海軍大元帥として侵略戦争を推進・指導した昭和天皇の姿をことさら隠し、それにかわって「終戦の聖断」神話を織り込ませている（二一一ページ）。「人物コラム　昭和天皇」では、異例の敬語つきでの「お人がら」が語られ、「立憲君主」「平和愛好」「国民への仁慈心」の深さが強調される（二二五ページ）。これらの記述は天皇・天皇制への尊敬や尊重を、教科書を通し生徒たちに事実上、強制を強いるものである。

「占領と戦後の民主化」についても、検証抜きの独断的な記述とご都合主義が顕著である。「GHQは、日本政府に対し、婦人参政権の付与、労働組合法の制定、教育制度の改革などの五大改革指令を発した。民主化とよばれたこれらの改革のいくつかは、すでに日本政府が計画していたものと合致し、矢つぎばやに実行されていった」（二二二ページ）と臆面もなく述べ、「日本国憲法」の項ではGHQは、憲法の改正を求めたが、「日本側では、すでに大正デモクラシーの経験があり、憲法に多少の修正をほどこすだけで民主化は可能だと考えていた」、しかし、政府は、GHQ草案を「拒否した場合、天皇の地位をおびやかされるおそれがあるので、やむをえず受け入れた」（二二三ページ）というように、民主化とは名ばかりで、天皇中心の歴史観が滲んでいる。

本来、「民主化」は、侵略戦争に対する反省、アジアの戦争被害者・犠牲者への戦後賠償が伴ってはじめて成就すべきものである。しかし扶桑社教科書にはそのような歴史認識はいっさいみられない。

のみならず、「自国」の「被害者意識」は相当なもので、「空襲・原爆投下とシベリア抑留」で「アメリカが東京大空襲をはじめとする多数の都市への無差別爆撃を行い、広島と長崎に原爆を投下した。また、ソ連は日ソ中立条約を破って満州に侵入し、日本の民間人に対する略奪、暴行、殺害をくり返した。そして、日本兵の捕虜をふくむ約六〇万人の日本人をシベリアに連行して、過酷な労働に従事させ、およそ一割を死亡させた」（二一四ページ）というように、「自国」の被害については、具体的数字をあげて詳しく記述している。それにひきかえ、すでに述べたように加害の記述はきわめて少なく、具体的な数字をあげていないのが特徴である。アジアの人びとへの戦後賠償についても前述した通りで、自国中心主義が貫通している。

おわりに

教科書問題は、今日の憲法改悪・教育基本法改悪・戦争国家化への日本支配層の一連の反動攻勢に直結しているものである。ここに述べたような内容と性格をもつ扶桑社教科書は、いわば思想反動攻勢の尖兵的役割を帯びている。単なる一教科書の問題ではない。扶桑社教科書の採択率を限りなくゼロにするたたかいを地域から、いますぐ、広め、深めていくことがわたくしたちの緊急の課題であろう。それは、平和を創造するたたかいでもあろう。

［初出・『科学的社会主義』二〇〇五年八月号］

二〇〇三年度検定高校日本史教科書についての若干の分析

1　二〇〇三年四月検定・高校日本史教科書（白表紙本）について

七社一二種の高校日本史の白表紙本と修正表を読んだ。これらを通読してまず感じた点は、検定制度とは教科書をかくも無味乾燥なものと化し、つまらないものにしているということである。興味あふれる流麗な筆致で綴られている歴史叙述を、ステレオタイプ的な「検定意見」をもってきて「修正」を余儀なくさせる。単なる事実誤認は除外するとして、多くの場合、原文の方が修正文よりも読みやすくかつ分かりやすく正確であり、親切である。それなのになぜ「修正」なのだろうか。

「調べよう」とか「考えよう」とかいいながら、肝腎の点では削除を迫ったりするのはなぜなのだろうか。一つだけ例をあげておきたい。山川出版社・日本史A「歴史と生活　地域社会の変化――千葉県における軍事施設を例に探ってみよう」の単元である。その最後は次のように結ばれている。「東京に近い千葉県に、なぜこのような広大な面積の軍事施設がつくられることになったのだろうか、またそれらの施設は、地域社会とどのような関係をもち、地域社会の変容にどのような影響を与えたのだろうか。また戦後、これらの施設跡地はどのように使われてきたのだろうか」。

右に引いた一文は、この単元のいわば締めくくりなのだが、修正文では全文カットとなっている。これはなぜなのか、といやでも問いを発せざるを得ない。

わたくしは女性史を専攻していることもあって、女性の生活や思想、労働などが教科書のなかにどのくらい、またどのように描かれているか、いつも関心をもってみているのだが、残念ながらいままでのところ、その関心を満たしてくれるような歴史教科書にお目にかかったことがない。それはともかくとして、女性に関するわずかの「検定意見」のなかでとりわけ印象深かったのは次の二つである。

一つは、古代社会の貴族たちの間に広くおこなわれたといわれる婚姻形態――いわゆる妻問い婚、婿入り婚への、文部科学省・教科書調査官の強い「拒否感」である。家父長的法律婚制度・嫁入り婚制度への強い執着なのだろうか。

もう一つは、南京大虐殺(一九三七年)時、日本軍兵士によって中国人女性に対しなされた「レイプ」を、「レイプ」とは、「教育的配慮に欠ける表現である」との検定意見を付し、「暴行」へと「修正」させていることである。さすがに最近では少なくなったものの、十年くらい前までの新聞報道でも「強姦」やレイプは「婦女暴行」とわざわざ言いかえさせていた。これも「教育的配慮」からだったのだろうか。強姦・レイプを「暴行」一般に還元させようとするのは、やはり「男性」的といって問題があるならば、犯す側の発想・立場であろう。

次に示す事項は、検定制度がいかに政治的であり、「国民」の思想や歴史認識を国家統制のもとに管理していくか、を表している。

天皇に関する事項で一つの事例を示す。ある教科書が「皇太子明仁」と記述したところ、いかがなものか、と事実上、修正を迫り、「明仁皇太子」と直させている。天皇（皇太子・皇室）に関わる表現を統制し、天皇への「敬愛」を強制させようとする魂胆が見え透いている、といったら過言だろうか。

戦争責任・歴史認識、戦後賠償問題においても、きわめて政治的に介入し、問題を歪曲・矮小化させている。「村山首相談話」（一九九五年八月十五日）、「国民基金」（「アジア女性基金」。九五年七月発足）などを根拠として、日本政府、日本国家があたかも誠意ある対応をしているかのように修正させていたりしている。

最後に一言。一二種ある教科書白表紙本のうち半数の六つの教科書で「アジア・太平洋戦争」の呼称が用いられていた。アジア地域への侵略戦争であったことを明確にするためである。それを検定意見は「アジア・太平洋戦争という用語は、現在一般的とは言い難い」として「修正」を迫った。アジアへの侵略の印象を薄めたい、という政治的配慮なのだろうか。四種が文部科学省の希望するように「太平洋戦争」と修正、残りの二種は「アジア・太平洋の戦争」と言いかえ、いささかの気概を示した。

　現在の検定制度下では、「修正」に応じなければたちまち「不合格」の判定がくだされる。不合格になれば、教科書会社は丸損である。丸損を避けたいと思えば、教科書執筆者・編集者はいきおい検定意見への妥協を迫られる。こうした仕組みの検定制度は、巧妙な教育内容への介入制度であり、思想チェックであることが、今回の作業に取り組むなかであらためて再確認させられた。

2　二〇〇四年から使用の高校日本史教科書（見本本）について

二〇〇四年から使用される高校日本史の見本本（二〇〇三年四月検定済み）九種を通読した。以下、具体的記述を紹介しながら、近代のアジア関係を主に検討を試みたい。

一九八二年の「教科書問題」以降、とりわけ一九九〇年代に入り、アジアの戦争被害者たちによる日本の戦争責任と戦後賠償を求める声が強まった。こうしたアジアからの厳しい視線に歴史教科書の執筆者たちもさらされている。そのせいもあって、アジア関係の記述は、近年に入ってからそれなりの工夫と創意がこらされ、比較的、充実しているように思われる。

　今回の見本本ではまず従来の教科書ではほとんどふれられることのなかった台湾民主国と台湾の抗日運動についての記述が注目される。

〔台湾領有と抗日運動〕
◎日本は、はじめての征服植民地として台湾を領有したが、台湾の漢民族は台湾民主国をつくり、日本に抵抗した。日本は陸軍を送り多数の犠牲を出して約一年後に全島を占領し、その後も続く漢民族の分散的な武力抵抗を鎮圧した。また、山地に住む先住民族を包囲して高山に追いあげ、通路を遮断して塩の補給をたち、制圧しおわったのは、一九一五（大正四）年ころであった。（実教出版『高校日本史B』一六九ページ）
◎下関条約によって日本に譲渡された台湾では、割譲反対派により「台湾民主国」の建国が宣言され、日本に抵抗する動きが起こった。……台湾総督府は、民衆の抵抗運動を軍隊、警察によって抑え、民衆に日本語と天皇崇拝を強制する同化政策をとった。（東京書籍『日本史B』二九六ページ）

自国史を相対化し、世界史的視点と民衆史的視点に立っての叙述は、生徒たちの国際理解を促進させるものと思われる。植民地支配（強制占領）への適切な記述は、「国内」におけるマイノリティ叙述にも連関している。「内国植民地」といわれる北海道・沖縄に対する日本の同化政策への言及がその例である。ここでは北海道「開拓」とアイヌについて取り上げる。

〔北海道開拓とアイヌ〕

◎戊辰戦争の後、政府は蝦夷地を北海道と改め、開拓使を設置した。一八七四（明治七）年には、士族の救済と対外警備を目的として、屯田兵制度を設けて開拓を進めた。開拓の進展によって、先住民族であるアイヌの生活の基盤が奪われていった。政府は、アイヌの土地や資源の権利を認めず、アイヌの伝統的な狩猟や漁撈を禁止した。一八九九（明治三二）年、政府は北海道旧土人保護法を制定して、開拓政策によって疲弊したアイヌに農業をおこなわせて、「保護」しようとしたが、耕作に適さない土地での不慣れな農業は、アイヌの生活をさらに破壊させた。アイヌ独自の風俗や習慣の廃止を強要するなどのきびしい同化政策もおこなわれ、アイヌ固有の文化は失われていった。（第一学習社『日本史A』三五ページ）

アイヌ、沖縄に対する同化政策（皇民化政策）が生徒に理解されれば、その後の台湾、朝鮮、「満州」等における日本による強制占領、植民地統治の問題点もより明らかに理解できるのではないだろうか。

さて、一九一〇年代から四〇年代前半にかけては、日本の帝国主義的侵略戦争と植民地支配（強制占領）が、もっともあらわになった時期である。まず帝国主義的野望が剥き出しにあらわれたのが第一次世界大戦への参戦をめぐってであろう。

〔第一次世界大戦の参戦をめぐって〕

◎第二次大隈重信内閣や元老らは、政治や経済のゆきづまりを打開する絶好の機会ととらえ、一九一四年、日英同盟を口実にいち早く参戦した。日本は、中国の遼東半島や南太平洋諸島にあるドイツの軍事拠点を占領し、翌一九一五年には袁世凱政権に二一か条の要求をつきつけた。（三省堂『日本史B』二八六ページ）

◎イギリスが、アジアでのドイツ武装商船撃破に限定して日本に参戦を求めたのに対し、日本は目的を限定せずに参戦すると伝えた。その後イギリスは、参戦依頼をとりけしたが、日本は日英同盟を根拠に八月二三日、ドイツに宣戦布告して参戦した。そして赤道以北のドイツ領南洋諸島とドイツの勢力圏であった中国の山東半島の青島を占領し、さらに地中海に艦隊を派遣した。（実教出版『高校日本史B』一八六〜一八七ページ）

この二つの記述から、日本は明確な帝国主義的侵略戦争の意図をもって第一次大戦に参戦したことを生徒は理解できよう。そもそも第一次大戦は植民地争奪戦争であり、パリ講和会議も、また戦勝国による植民地再分割のための会議であった。朝鮮における三一独立運動と中国における五四運動は、上のような大勢に抗した民衆が独立と自主を求めて立ち上った抵抗運動、民族解放運動であった。

〔三一独立運動と五四運動〕

◎ロシア革命以降、植民地や従属国では、各民族が列強から干渉されないで、みずから国家をつくり自分たちの意思で政治を行なおうとする民族自決の考え方が広まっていった。……〔朝鮮では、一九一九年三月一日〕民衆が「独立万歳」をさけびながら、日本からの独立を訴えた。運動は全土に広がり、二〇〇万人以上の人びとが参加した（三・一独立運動）。朝鮮総督府は、七〇〇〇人以上におよぶ死者を出すほど徹底して鎮圧した。事件後、朝鮮総督となった海軍大将の斎藤実は、抑圧と懐柔を使い分けた「文化政治」を行なったものの、抗日運動はその後も根強くつづけられた。中国でも、日本の二一か条要求の取り消しの訴えがパリ講和会議で無視されると、同じ一九一九年五月四日、北京の学生らがヴェルサイユ条約反対の運動をおこし、さらに労働者や商工業者にも支持を広げていった（五・四運動）。講和条約の調印を拒否した中国では、一九一九年に孫文らが中国国民党を組織し、一九二一年には中国共産党が結成された。こうして日本は、朝鮮や中国の民族独立運動の矢面にたたされることになった。（三省堂『日本史B』二九三〜二九四ページ）

日中戦争やアジア太平洋戦争の叙述においても、従前からくらべれば、アジアの民衆からの視点が反映されるようになったといえよう。「皇民化」政策、「大東亜共栄圏」の虚構、アジアの犠牲、抗日解放運動などについて九種の教科書のいずれもが言及している。

以上のように高校日本史の教科書においては、一国史的視点を廃して、他民族、国際理解への努力のあとがいちじるしく感じられるが、どの教科書をとっても総じてジェンダー視点は欠落している。いずれの教科書の叙述もステレオタイプに陥っており、独自性は感じられない。女性史についてやや意欲的な試みがなされている場合でも全体との関連性は薄く一貫性に乏しい。この間の女性史研究の成果は、残念ながらほとんど無視されているといえよう。わたくしが手にした九種のうち、女性執筆者がわずか二人というのも偶然ではないだろう。歴史教科書における「女性」の主体的叙述が今後の大きな課題だといえよう。

〈比較検討した教科書一覧〉

第一学習社『高等学校日本史A』、三省堂『日本史A』、東京書籍『新選日本史B』・『日本史B』、桐原書店『新日本史B』、清水書院『高等学校日本史B』、実教出版『高校日本史B』・『日本史B』、三省堂『日本史B』

［初出・『教育評論』二〇〇三年八月号および二〇〇四年六月執筆原稿の合体、一部加筆修正］

二〇〇五年検定中学校歴史教科書の近現代史記述の内容分析

第一次世界大戦以降戦後までを対象に

はじめに

二〇〇五年検定の中学歴史教科書八社の記述内容について検討し、前回（二〇〇一年）の検定教科書との比較も含め、今回の検定教科書八種の内容をかいつまんで紹介し、広く市民の間にお知らせしたいと思う。記述対象は、いまと直接、関係する第一次世界戦争以降、戦後までを扱うことにしたい。検討する八社の教科書は、つぎのとおりである。東京書籍（略称・東書。以下同様）、大阪書籍（大書）、教育出版（教出）、清水書院（清水）、帝国書院（帝国）、日本文教出版（日文）、扶桑社（扶桑）、日本書籍新社（日新。なお日新の前身は、日本書籍〔日書〕）である。

いわゆる十五年戦争・アジア太平洋戦争期を中心にした時期は、教科書検定でもしばしば争点となってきた。近年はとくにアジア諸国とのあいだに政治問題・外交問題ともなっている。一九八二年のいわゆる「近隣諸国条項」以降、近現代史のアジアと日本に関しては、教科書執筆者はじめ関係者の努力によって、それ以前にくらべ充実してきたといえよう。

しかし、前回の検定よりも、今回の検定ではさらに、加害の記述については、後退の傾向がみられる。「従軍慰安婦」が全八社の教科書から消えたのはその象徴であろう。韓国・中国等の被害者や遺族が裁判をおこしてまで、謝罪や賠償を求めているように、これらは「過去」の問題ではない。「近隣諸国条項」のもつ重みをあらためて真剣に考える必要がある。扶桑を除き、各社の教科書が多かれ少なかれ、これらに配慮して記述に工夫の努力がみられるが、しかし、扶桑では、自国中心の記述が顕著にみられ、あまりにもこの傾向が強く、検定意見がこの時期に集中した。それだけ「近隣諸国条項」に抵触する記述が多かったといえよう。

他の七社が一九四五年を大きな画期にしているのに対し、扶桑だけが第一次世界大戦・戦間期・戦中・戦後を一貫したものととらえて記述しているのも大きな特徴である。その背景には、天皇制の扱い方が大きく左右していると思われる。以下、各時期ごとにテーマを絞りながらみていこう。

デモクラシーと社会運動・関東大震災に関して

デモクラシーでは、吉野作造や尾崎行雄などを紹介しながら、さらに「米騒動」、労働組合運動、農民組合運動、女性運動、部落解放運動、アイヌ解放運動など社会運動勃興・高揚の記述がほぼどの教科書にもみられる。また、男子「普通選挙法」と抱き合わせで、社会運動取締りのために同時期に成立した治安維持法にも触れられている。とくに日新は、治安維持法反対で暗殺された衆議院議員・山本宣治や、「普通選挙法」から排除された女性について目配りした記述をおこなっている。

一方、扶桑の民衆運動・社会運動についての記述はしごく簡単なもので、治安維持法にも触れていない。また「米騒動」を「騒乱」と述べていることからもうかがえるように、民衆を歴史の主体としてではなく、客体視している。

関東大震災については、全社で取り上げ、大震災時の朝鮮人・中国人・社会主義者の虐殺についても各社が記述しているが、本文で比較的くわしく取り上げているのは、大書と日新である。日新では「朝鮮人が井戸に毒をなげこんだ」などの噂が広められ、「数千の朝鮮人や数百の中国人が、軍隊・警察や、住民がつくった自警団によって虐殺された」と記述したうえ、側注で、この事件は「人々が日ごろ朝鮮人や中国人を差別していたためそのしかえしをおそれる心から、流言を事実と思いこんでおこしたものといえる」と、事件の背景に説明を加え、子どもたちに考えさせようとしている。これとは対照的に扶桑は、「この混乱の中で、朝鮮人〔や社会主義者〕のあいだに不穏なくわだてがあるとのうわさが広まり、住民の自警団などが社会主義者や朝鮮人・〔中国人〕を殺害するという事件がおきた（〔 〕内は検定意見で追加）」と、原因をあたかも「不穏のくわだて」に帰すかのような記述となっている。また「自警団など」とし、官憲の流布・関与を記載していないことも意図的に思われる。

三一独立運動と五四運動について

三一独立運動については、東書・大書・日文・日新の記述が充実している。大書や日文、日新では三一運動の経緯や、日本の官憲による弾圧が具体的なデータ（数字など）で示され、運動がおこった地域、十六歳で運動に参加し、翌年獄死した少女・柳寛順《ユグァンス》の写真・図版も入っていて、子どもたちに理解されやすく述べられている。また大書では、全羅北道を例にして耕地所有者と所有面積の推移を表す図表が示され、土地や職を失った農民、日本や「満州」に移住する人びとなどに触れ、広範な運動がおこった背景の一端をも考えさせようとしている。「歴史にアクセス」で東書が「インターナショナリスト柳宗悦」、大書が「柳宗悦と吉野作造から見た日本の朝鮮支配」で、三一独立運動に理解を示し、日本の朝鮮統治に批判的であったことを記述していることは、子どもたちに眼をひらかせるものである。

中国の五四運動は、各社ともおおむね第一次大戦中の一九一五年、日本が力づくで中国に強要した「二一か条要求」に関連づけて記述している。清水では、「中国と日本」の項目のなかで二つを連動させて取り上げ、五四運動の意義を「国権回復運動の出発点」「民族の自立と民主主義の確立を求める大規模な民衆運動」と位置づけている。

これらの記述と対照的なのは、扶桑である。「アジアの独立運動」の小見出しで、インドにおけるイギリスに対する自治要求運動と並べて、ごく簡単に触れているにすぎない。これではなぜ三一運動や五四運動がおこったのか、子どもたちには理解しにくいことである（本書一四五ページ参照）。また朝鮮の総督政治をこれまでの「武力でおさえつける統治のしかたを変更した」という、いわゆる「文化統治」論をもちだし、正当化を図っているのも異様である（本書一四六ページ参照）。

扶桑では五四運動については、「二十一か条要求」に触れず、五四運動の前に出てくる「第一次世界大戦」の項目中に、「二十一か条要求」の記述をもってくる。その特異な記述「中国側は、列強の介入を期待して極秘の交渉内容を内外にもらし、五つの案件に正式な要求事項でないものをふくめて『二十一か条の要求』と名づけたので、中国内の反日世論は高まった」と述べ、歴史を歪める意図が潜んでいる（本書一四六ページ参照）。

世界恐慌と柳条湖事件（「満州事変」）について

この時期の各社の教科書はほぼ、世界恐慌にはじまり、この恐慌を克服する対策としてアメリカのニューディール政策、英仏のブロック経済を取り上げている。これに反発し、イタリア、ドイツ、日本でのファシズムの台頭を扱っている。

日本でも世界恐慌や農村恐慌に苦しむ人びとが増え、不況を解決することのできない政党政治への不信が高まってくる。こうした状況で、軍部が「満州」で軍事行動をおこした（柳条湖事件。当時、日本は「満州事変」の呼称を使用）。以後、足かけ十五年におよぶ十五年戦争のはじまりだが、東書・大書・日文・日新は、表題・内容ともに侵略戦争と明示し、記述している。「満州事変」、「満州国」建国、国際連盟脱退、五・一五事件、二・二六事件と次第に軍部が力を強めていく経緯を多くの教科書が扱っている。

こうした記述に加え、日文が「日本の軍部や政治家には『満州は日本の生命線』」といって、「不景気に苦しむ国民の関心を大陸に向けさせる者が多くなった」と述べ、大書が「満州事変」や関東軍支持を煽るメディアの役割に触れているのが注目される。いま、歴史を学んでいる生徒たちと同年代の少年たちが遠く親元から離れ、「満州」に渡っていかされた「満蒙開拓青少年義勇軍」について、教出や大書が取り上げているのも現実味を帯びると思われる。「満州事変」に反対意見があったことを紹介するのも大切であろう。大書では、「満州を日本の領土にしないほうがよい」といった石橋湛山（戦後、自由民主党総裁・首相）の言葉を紹介、日新では「少数派ではあるが、社会主義者や自由主義的な知識人たちによる〔軍国主義・戦争〕反対行動がみられた。政府はこれを徹底的に弾圧し、治安維持法で裁判にかけられた人の数は一九三三年に一一八五人」との記述があり、戦争に反対の勢力があったことを生徒たちに伝え、平和への希望を与えてくれるだろう。

これと対照的なのは扶桑である。「満州事変」の前の項目「共産主義とファシズムの台頭」で「二つの全体主義」として、共産主義とファシズムを取り上げているが、ソ連が各国の共産党をコミンテルンの支部と位置づけ、「各国の政府に対する破壊活動に専念」（検定意見を受け、傍線部分を「打倒しようとした」と修正）させたといった記述がでてくる。共産主義＝悪と自明視した、歴史の脈絡が感じられない、独断的な見解を生徒たちに刷り込む恐れが強いといえる。なお、治安維持法の制定がここではじめて書かれ、「一九二五年、日本政府はソ連と国交を結んだが、それによって国内に破壊活動がおよぶことを警戒し、同年、私有財産制度の否認などの活動を取りしまる治安維持法を制定」とあり、国内破壊活動防止のための法として正当化している。この法律にどれほどの人びとが命を絶たれ、苦しまされたかをまったく無視する記述である。また同法が「国体＝天皇制」変革に反対する結社や個人を弾圧するために、制定されたことを触れないのも意図的である（治安維持法は、植民地にも適用され、独立運動家などに厳しく適用された）。

「満州事変」についての扶桑の記述をみてみよう。日露戦争の勝利で、日本は関東州の租借、南満州鉄道（満鉄）の営業権を譲渡されたとの「既得権益」から説き起こされる。そのうえで「昭和初期の満州には、すでに二〇万人以上の日本人が住んでいた。その保護と関東州および満鉄を警備するため、一万人の陸軍部隊（関東軍）が駐屯」「中国人による排日運動もはげしくなり、列車妨害や日本人（白表紙本では「日本人学童」となっていた）への迫害などが頻発」と記述している。排日の背景はいっさい触れず、また列車妨害、日本人迫害を強調することで、関東軍が「満州事変」を起こしたことの正当化を図るような記述の仕方といえる。「満州国」建国では、関東軍と「現地人政治家によって」とあり（検定意見で、「関東軍は満州国建国を実現」に修正）、日本の「傀儡国家」であったことを曖昧化しようという意図が透けて見えてくる。リットン調査団の報告書についても「日本の安全と権益（検定意見で「満州に住む日本人の安全と権益」に修正」がおびやかされていた事実は認めつつも、日本軍の撤兵と国際管理を勧告」と記述するなど、自己矛盾・自家撞着に陥っている。一方で権益擁護を認め、一方で日本軍撤退を求める記述に生徒たちはどう理解できるか、学ぶ立場を考えず、アジアの人びとの立場を思わない独善性がこういうところにも表れているといえる。

史実を歪め、強引な解釈、牽強付会な記述は、「満州国」の「発展」を述べているくだりにも示されている（本書一四七ページ参照）。

「従軍慰安婦」と「南京事件」について

①「従軍慰安婦」記述をめぐって

今回の検定教科書で、著しい特徴の一つは、全社の教科書から「従軍慰安婦」という言葉が消えたことがあげられる。一部の教科書で曖昧な表現ながら「慰安婦」を想起させる「工夫」も見られるが、生徒たちが読んで理解するのは難しいであろう。次に示す表を参照されたい。参考までに、関連事項も拾った。これらの記述を足がかりに授業者（教員）の工夫と実践が求められていると思われる。

表1　「従軍慰安婦」をめぐる記述、関連事項の有無

東書　なし

大書　なし

教出　なし

〔関連記述「多くの人々が『日本軍兵士』として戦場に送られ、また、多くの朝鮮人女性なども工場などに送りだされました。」（小見出し「朝鮮と台湾」）〕

清水　なし

〔関連記述「徴兵制や強制連行などによって、戦地に送られたり、過酷な労働を強いられたりしたのは男性だけではなく、女性も含まれていました。」（「深める歴史　戦争と民衆」の小見出し「戦後補償の課題」）〕

日文　なし

帝国　なし

〔関連記述「戦時中、慰安施設へ送られた女性や、日本軍人として徴兵された韓国・台湾の男性などの補償問題が裁判の場にもち込まれるようになりました」（小見出し「戦後補償と近隣諸国」の側注）〕

扶桑　なし

日新　なし

〔関連記述「軍の要請によって、日本軍兵士のために朝鮮などアジアの各地から若い女性が集められ、戦場に送られました。」（「さらに深める学習　まぼろしの大東

亜共栄圏」）〕

②「南京事件」・「南京大虐殺」の記述

今回の検定教科書の南京事件・南京大虐殺の記述は、どうであろうか。次表は、記述内容の一覧である。

表2　「南京事件」・「南京大虐殺」の記述

東書　「〔略〕日本軍は、同年末に首都南京を占領しました。その過程で、女性や子どもをふくむ中国人を大量に殺害しました」（南京事件）
〔側注〕「この事件は、南京大虐殺として国際的に非難されましたが、国民には知らされませんでした。」

大書　「日本軍は、各地ではげしい抵抗にあいながらも戦線を広げ、一二月に占領した首都南京では、捕虜のほか、婦女子をふくむ多数の住民を殺害しました」（南京事件）
〔側注〕「南京事件は、日本ではその事実を知らされず、戦後の極東国際軍事裁判で、その規模や犠牲者の実態が初めて明らかにされました。ただ、被害者数については、さまざまな調査や研究が行われていて確定されていません。」

教出　「同年一二月、中国の首都南京を占領しました。このとき、日本軍は混乱のなかで、多数の捕虜や住民を殺害して、国際的に非難をうけました」（南京事件）〔側注〕「このことは当時、国民には知らされませんでした。国民がこのことを知ったのは第二次世界大戦後でした。」

清水　「日本軍は、占領した地域で物資や労働力を徴発し、食料などもその地で確保した。このため物資の略奪・放火・虐殺などの行為もしばしば発生した。とくに南京占領にさいしては、捕虜・武器をすてた兵士・老人・女性・子どもまで含めた民衆を無差別に殺害した。戦死した兵士もあわせたこのときの死者の数は多数にのぼると推定されている。諸外国は、この南京大虐殺事件を強く非難したが、当時の日本人のほとんどはこの事実さえ知らなかった。こうした日本軍の行為は、中国民衆の日本への抵抗や憎悪をいっそう強めることとなった。」

帝国　「〔日本軍は〕当時首都であった南京を占領しました。南京では、兵士だけでなく、女性や子どもをふくむ多くの中国人を殺害し、諸外国から「日本軍の蛮行」として非難されました（南京大虐殺）。しかし、このことは、日本国民には知らせられていませんでした。」

日文　「日本軍は、ナンキン占領のとき、大ぜいの中国民衆を殺し（南京虐殺事件）、国際的に非難されたが、日本の国民には知らされなかった。」

扶桑　「日本軍は国民党政府の首都南京を落とせば蔣介石は降伏するだろうと考え、一二月、南京を占領した。」

〔側注〕「のちの東京裁判では、このとき日本軍が多数の中国人民衆を殺害したと認定された（南京事件）。なお、この事件の実態については資料の上で疑問点も出され、さまざまな見解があり、今日でも論争が続いている。」

日新　「〔一九三七〕年末には日本軍は首都南京を占領したが、そのさい、二〇万ともいわれる捕虜や民間人を殺害し、暴行や略奪もあとをたたなかったため、きびしい国際的非難をあびた」（南京事件）

〔側注〕「殺害された中国人の数については、さまざまな説がある。」

「従軍慰安婦」の記述は、近年、被害者が名乗りをあげ、その実態も、明らかにされ、国際的な関心も高まり、「女性の人権」問題としてもゆるがせにできない重大な問題の一つである。一九九七年から使用の中学校の歴史教科書にはじめて「従軍慰安婦」記述が全社（七社）に登場したのは、歴史を明らかにするという被害者自身の強い願いと、上述のような人権認識としてこの問題を捉える内外の認識の高まりが背景にあった。しかし、二〇〇一年の検定教科書では「慰安婦」記述は大幅に後退し、今回は、「従軍慰安婦」の言葉自体が消え、右に示したような曖昧な表現から「慰安婦」の存在を類推させるようなものが数点残るのみに留まった。

「南京事件」・「南京大虐殺」についての、今回の検定教科書の特徴は、被害者数を特定しないことと、「南京大虐殺」という表現を避け、多くの教科書で「南京事件」の呼称が用いられていることに求められる。一九九七年の中学校歴史教科書の記述と比較すると、記述の後退は一目瞭然であろう（表3参照）。

表3　一九九七年中学校歴史教科書の「南京事件」・「南京大虐殺」の記述

東書　戦火は華北から華中に拡大し、日本軍は、同年末に首都南京を占領した。その際、婦女子をふくむ約二〇万ともいわれる中国人を虐殺した（南京大虐殺）

大書　日本軍は、各地ではげしい抵抗にあい、南京では占領後に二〇万といわれる民衆を虐殺し、諸外国から非難されました。しかし、日本国民にその事実は知らされませんでした。
〔脚注〕この事件は南京大虐殺事件といわれ、中国では虐殺数は三〇万人をこえると主張しています。

教出　ナンキン占領のさい日本軍は、捕虜や武器を捨てた兵士、子ども、女性などをふくむ住民を大量に殺害し、略奪や暴行を行った（ナンキン虐殺事件）
〔脚注〕この事件の犠牲者は二〇万人といわれているが、中国では戦死者と合わせて三〇万以上としている。〔中略〕こうした日本軍の行為は、世界から強い非難をあびたが、一般の日本国民は、敗戦後になって初めてこれらの事実を知った。

清水　とくに南京占領にさいして、武器を捨てた兵士、老人・女性・子どもまでふくめた民衆を無差別に殺害した。死者の数は、兵士をあわせて十数万以上といわれ、中国では三〇万人以上と推計されている。諸外国は、この南京大虐殺事件を強く非難したが、当時の日本人はこの事実さえ知らなかった。

帝国　日本軍は南部に向かって侵攻し、上海や首都南京を占領しました。南京では女性や子供をふくむ多くの中国人を殺害し、諸外国から「日本軍の蛮行」と非難されました（南京大虐殺）。

日文　ナンキン占領のとき、大勢の中国の民衆が虐殺されたが（南京虐殺事件）、日本の国民には知らされなかった。

〔脚注〕この事件での犠牲者数は、捕虜や一般市民をあわせて一〇数万人と推測されている。極東国際軍事裁判では二〇万人といわれ、中国は三〇万人以上とする。

日書　〔脚注〕日本軍は、ナンキン占領後から翌年二月半ばまでに、女性・子ども・捕虜をふくむ少なくとも一五万人から二〇万人ともいわれる中国人を虐殺した。また日本軍は、共産ゲリラ勢力の強い華北の村々で、一九四〇年ごろ「焼きつくし、殺しつくし、奪いつくす」三光作戦を民衆におこない、民衆におそれられた。こうした事実を日本国民は知らされなかった。

十五年戦争・アジア太平洋戦争と皇民化政策

扶桑を除く七社の記述は、おおむね「朝鮮・台湾における皇民化」政策を取り上げ、日本語の強制、創氏改名、神社の強制参拝、志願兵制度、徴兵制など具体的に述べている。アジアにおける「強制連行・強制労働」についても七社が取り上げているが、とくに東書が幅広く述べているのが注目される。また帝国が本文で日本が「大東亜共栄圏」を唱えながら、実際は占領地の住民に圧制をおこなったとしたうえで、コラム「外国の教科書がとらえる日本の支配」でインドネシアを例に引き、生徒に考えさせようとしているのも特徴的といえよう。このほかアジア太平洋戦争における東南アジアでの日本支配、それに対する抵抗・抗日運動については教出・清水・日文・日新なども言及している。とくに日新では「さらに深める学習　まぼろしの大東亜共栄圏」で、その虚像と実像を多角的、具体的に記述しているのは注目される。

これらの記述に対して、対照的なのはやはり扶桑である。一九四三年の「大東亜会議」を大きく取り扱い、植民地各国の自主独立、人種差別撤廃が謳われ、以後、「大東亜共栄圏」建設を戦争の名目としてかかげるようになったと、述べている。自主独立をいいつつも、日本の植民地下にあった朝鮮・台湾についての独立に言及しない。全体に日本の植民地統治の美化は扶桑の特色である。この時期ではないが、人物コラム「台湾の開発に力をつくした八田與一」（検定意見で「台湾の開発と八田與一」と修正）などの記述がそれを物語っているといえよう。

しかし扶桑といえども、アジアにおける抵抗や抗日の動きに対して、まったく触れないわけにはいかず、「連合軍と結んだ抗日ゲリラ活動もおこり、日本軍はこれにきびしく対処」「とくに戦争末期になり、日本にとって戦局が不利になると、食糧が欠乏したり、現地の人々が過酷な労働に従事させられる場合もしばしばおきた」と書かざるを得なかった（白表紙本）。が、アジア太平洋戦争に対する肯定は変わらず、「日本の南方進出は、もともとは日本の『自存自衛』のためだったが、アジア諸国が独立するにいたるまでの時計の針を早める効果をもたらした」（白表紙本）と言い切っている（検定意見を入れて、傍点部分が「独立の動きを早める一つのきっかけともなった」と修正）。

なお、自己矛盾・撞着を起こしているのは、ユダヤ人をナチスから救った外交官杉原千畝を語る文章にも表れている。「人物コラム　迫害されたユダヤ人を助けた日本人――樋口季一郎と杉原千畝」で、杉原が、ユダヤ人へのビザ発給をおこなった行為を述べ、その行為の背景として「人種差別に反対してきた日本政府の基本方針があった」と述べている。しかし杉原は、ドイツと同盟関係にある日本政府の意向に反してビザ発行に踏み切った外交官で、そのため、のちに職を辞したのである。杉原は教出や大書などでも取り上げられているが、日本外務省の指示に反して悩んだあげくビザ発行に携わったことが適切に記述されている。こんなところでも扶桑の歪曲がある。

戦争と民衆・子どもたちについて

扶桑の戦争記述には民衆や子どもたちへの視点は、まったく欠落している。これは、この教科書を貫く国家エリート・英雄史観にもとづいているからであろう。戦争の犠牲者や被害者を悼むどころか、「お国のため」とたたえ、国に奉仕することを美徳として説いてやまない（本書一四九ページ参照）。

他の七社の教科書は、多かれ少なかれ、戦争の原因や本質、戦争が民衆や子どもたちにもたらす悲惨さ、いまも残る傷痕について、子どもが主体的に考えられるように工夫している。清水の「深める歴史　戦争と民衆と」は、植民地や占領地の民衆と並べて日本の民衆が戦争で受けた被害を記述し、日本政府や企業を相手にアジアの戦争被害者が「戦後補償」を求めていることを述べている（なお、この箇所は、検定の結果、白表紙本より、迫力が落ちた）。帝国の「歴史に挑戦！　戦時下の情報と教育について考えよう」は、戦争当時の絵本や、アニメ「桃太郎　海の神兵」などを用い、それらがいかに戦意を掻き立てたか、また新聞などのメディアが軍などによって統制され、人びとが情報操作されるさまを考えさせている。

日新は、もっとも充実した記載となっているといえよう。「さらに深める学習」の「『敵の顔』、『人間の顔』」「広島・長崎への道」「近代　戦争と子どもたち」は、戦争中であっても、「敵の顔」

のなかに「人間の顔」を読みとろうとした人もいたこと、また扶桑と同じ特攻隊を取り上げても「ほんとうはかれらも、死の恐怖におののく生身の人間」と記述している。広島・長崎への原爆投下は、米軍による無差別大量爆撃の極致だったが、そこにいたる第二次世界大戦中における民間人を対象にした都市爆撃に触れ、さらに日中戦争における日本軍の大規模な無差別爆撃が記され、とくに一九四〇年の重慶爆撃で一万人をこす中国人死者が出たことを述べている。「近代戦争と子どもたち」では、生徒たちと同じ年頃の子どもたちが、学校を仲介して、十四歳から志願できる「少年戦車兵」「少年飛行兵」「少年水兵」などについても取り上げている。戦争が他人事でなく、敵・味方なく大変な被害を民衆にもたらし、自分たち子どもにも身にかかるものとして考えさせようとしているといえよう。

「戦後の民主化」と「戦後賠償」について

扶桑を除く各社とも、敗戦・占領を画期に日本の民主化について記述している。たとえば教出は「占領下の民主化」で「天皇の人間宣言」、「日本国憲法」、「財閥解体と農地改革」、「教育の民主化」で軍国主義・天皇中心の考え方の否定、教育勅語廃止、教育基本法制定、男女共学実現、「民法改正」公布で、家制度廃止、男女平等などを記述しているが、各社も同じような流れで取り上げている。大書や日文などは治安維持法や国家神道の廃止を記述し、清水は民法改正によって戸主中心の家族制度、妻の地位、夫婦の平等などの記述に特徴がみられる。日文の「タイムト

ラベル　戦後のある日」で、「憲法二四条」の図柄を取り上げながら、「戦前と戦後」の違いを比較させているのは、生徒たちの関心を惹くことであろう。大書では、「民主化」のなかで、「国民の運動」にも触れて、政治活動の自由、労働組合法・労働基準法の制定、戦前・戦中非合法を強いられた共産党をはじめとする政党活動、部落解放運動などの記述に特徴がみられる。これらを踏まえて、日新の記述はもっとも目配りがきいた、充実した記述になっているといえる。

それに対して、扶桑の記述の「特異さ」は目立っている。「アメリカの占領目的は、日本がふたたびアメリカの脅威にならないよう、国家の体制をつくり変えることだった」（事実としては間違いないが、詳しい説明がないと中学生には理解困難である）、「GHQは、日本政府に対し、婦人参政権の付与、労働組合法の制定、教育制度の改革などの五大改革指令を発した。民主化とよばれたこれらの改革〔のいくつか〕は、すでに日本政府が計画していたものと合致し、矢つぎばやに実行されていった」（〔　〕内は、検定意見を受け、付け加えた）と述べている。「日本国憲法」の項ではGHQは、憲法の改正を求めたが、「日本側では、すでに大正デモクラシーの経験があり、憲法に多少の修正をほどこすだけで民主化は可能だと考えていた」、しかし、政府は、GHQ草案を「拒否した場合、天皇の地位をおびやかされるおそれがあるので、やむをえず受け入れた」というように、天皇中心の記述があちこちにみられる。大日本帝国憲法下の統治権総攬者・陸海軍大元帥として侵略戦争を推進した天皇の姿がことさら隠され、それにかわって昭和天皇の「立憲君主」「平和愛好」「国民への仁慈心」が称讃される。

「戦後の民主化」は、侵略戦争に対する反省、アジアの戦争被害者・犠牲者への戦後賠償が伴ってはじめて成就すべきものといえる。「戦後賠償」については、教出が「戦後の処理〜補償問題」の囲み記事、清水が前出の「深める歴史　戦争と民衆と」、帝国が「戦後補償と近隣諸国」でも取り上げているが、もっとも包括的に詳しく記述しているのは日新の「さらに深める学習　日本の戦後処理」であろう。

おわりに――「女性」の記述をめぐって

女性史を専攻する研究者として、中学・高校の歴史教科書を読むと、率直にいって、空しさを感じさせられる。女性の「経験」や「生活」が、表に出てこないもどかしさを痛感させられるからである。各社に登場する女性も一定し、事項も決まりきったものが採用されている。戦後、女性史研究は、格段に成長し、研究蓄積もみるべきものが多くなっているにもかかわらずの感が強くする。

日文は、「女性と子どもの歴史」を七回にわたり記載し、その意欲的な取り組みには大いに注目されようが、記述のうえで工夫と研究が必要と思われる。たとえば「女性と子どもの歴史　七」では「男女同権」で憲法二四条、民法改正による家制度廃止が取り上げられ、そのあと唐突に「主婦連」（一九四八年結成）が戦後の「婦人運動の最初の第一歩」として登場する。ちなみに主婦連は最初の運動ではなく、また主婦連の位置づけもなされていなく、読み手に戸惑いを与える。

「地位の向上」では、「国際婦人年」「女子差別撤廃条約」「男女雇用機会均等法」が並列され、宇宙飛行士向井千秋さんの写真が掲載されている。が、前後の脈絡が不分明なこと、写真との連関性が感じられなく、言葉足らずの記述になっていると思われる。

また、女性のことに直接、触れない事項、たとえば関東大震災時の朝鮮人虐殺を糾弾した日本人として吉野作造らの男性知識人がしばしば取り上げられるものの、同じく虐殺を糾弾し、民族差別を告発しつづけた女性として山川菊栄などは視野の範疇外におかれている。岩波文庫として入手しやすい『山川菊栄評論集』(一九九〇年)に入っている彼女の次の文章の一節くらいは、資料として記載されてもいいのではないだろうか。

「かつてサンフランシスコの大震大火の際に、米国の軍隊と警官とは、これを排日と人種的偏見を表現する千載一遇の好機として、日本人の大屠殺を試みたことがあるだろうか。昨秋の大震災に際して、朝鮮人と労働者とが遭遇したような運命に、日本人は米国で遭遇したことがあるだろうか。朝鮮人、台湾人等、異種族の国民に対して、政治的、社会的、経済的に、内地人と平等の待遇が与えられているだろうか」(「人種的偏見・性的偏見・階級的偏見」一九二四年)。

[初出・『教科書白書 2005』アドバンテージサーバー、二〇〇五年。
同書の執筆担当部分をもとに、削除・加筆し、修正]

アジア・女性・マイノリティの視点からのアプローチを！

いまこそ社会科の活性化を求めて

はじめに

一九九〇年、はじめて日教組の全国教育研究集会の「社会科」の共同研究者になった。途中病気その他で休んだが、二〇〇〇年よりふたたび共同研究者を務めさせてもらっている。一女性史研究者として、現場の先生方の実践報告を興味深く拝聴させていただいている。必要に応じて、コメントを求められ、背中に汗をかく思いで発言させていただく場合も多い。

そういう次第でわたくしは「教育学」の専門家でもなく、「社会科」専攻の教員でもない。それゆえ本稿ではわたくしの狭い眼界から述べさせていただくことをまずお断りしたい。

歴史といま

さて今年、二〇〇五年は、日本にとっては、「敗戦六十年」である。日本植民地下にあった朝鮮・台湾の人びとにとっては、「解放六十年」である。さらに中国はじめ日本が侵略したアジア諸地域の人びとにとっては、「抗日戦争勝利六十年」ないし「解放六十年」である。同じ六十年でも両者は対極の位置に立っている。

歴史教科書・歴史認識等をめぐり、近年、韓国・中国はじめアジアの人びとは、日本に対し厳しい眼差しを向け続けている。煎じ詰めていえば、日本が「過去」の清算を果たしてきてこなかったからである。しかし、わたくしたち日本人はこの問題に総じて無頓着である。上記のような意識が日本人によってどのくらい共有されているだろうか。ことは歴史認識問題にとどまらない。日本の「現実」に目を転じてみよう。

昨今の日本の現実は、真に憂慮するに値する。繰り返される首相の靖国参拝。まるで被害各国の人びとを嘲笑し、挑発するかのごとき一国の代表の振る舞いである。それにもかかわらずわたくしたち主権者は、この無法な首相の行為をやめさせられないでいる。「靖国」は単なる一神社ではない。侵略戦争を主導した戦争指導者・責任者が、庶民を戦争に駆り立てた「戦争プロパガンダ」の国営神社である。他方、二〇〇二年のいわゆる「拉致」問題を奇貨にした「北朝鮮バッシング」と、それを口実にした戦争国家化への地ならしがある。下手をすると「戦前零年」になりかねない状況である。米国の尻馬に乗ってイラクへの「自衛隊」派兵を実現させ、さらに政府部内では集団的自衛権の名のもとに、北朝鮮への「先制攻撃」さえ真剣に検討されているのではあるまいか。九条改憲、教育基本法改悪は、名分ともに戦争のできる国家、戦争に命を差し出させる「国民」づくりをめざしたものといえる。

そうしたすべてに対し、かつて侵略・占領された側の人びとは、歴史の記憶を新たにし、日本の「現実」に警戒を深めているのではあるまいか。

問われているのは、過去にとどまらない。過去を清算しないまま、あらたな覇権を志向する日本国家と社会の「現実」も問われているのではあるまいか。

敗戦後の「社会科」学習の誕生

ここであらためて敗戦後初期の「社会科」の誕生を振り返ってみよう。「新教育」の「花形教科」といわれた（中内敏夫・竹内常一・中野光・藤岡貞彦『日本教育の戦後史』三省堂、一九八七年、七七ページ）社会科の授業開始は一九四七年九月からであった。前掲書によると、社会科の新設は、「不思議なことに」いつ、どの機関が、どこで提唱し、決定したのかいまもってわからないという（七七ページ）。

それはともかく社会科は、「民主的生活像にもとづいて、秩序の建設者および維持者としての人間の形成をめざす」教科として出発した。社会科の授業は、右の目的を達成するため、なによりも子どもたちの現実生活に着目し、そのなかの問題の解決にとりくませることから発展させようとしたという（前掲書八〇ページ）。

このような観点に立って指導要領が掲げた参考用の問題単元例としては「仕事を通じて、人々はどのように協力するか」「私たちと私たちの子孫のために、天然資源を保存するには私たちはどうすればよいか」「世界じゅうの人々が仲よくするには私たちはどうすればよいか」（小学六年）というものがあげられた（同右）。

以上にみられるように敗戦後初期の「社会科」学習が反戦平和の思いから出発しているのは間違いないであろう。民主的人間の育成、民主主義社会の樹立をめざしたのも疑いない事実であろう。

教育基本法の制定と「社会科」学習

社会科誕生と教育基本法は分かちがたく結びついていた。周知のように教育基本法は、「教育勅語」（一八九〇年公布）にかわって、敗戦後の四七年三月に制定されたものである。

五〇年六月、朝鮮戦争が勃発し、すでに反動＝逆コースの時代に突入していた日本政府が、同年八月第二次米国教育使節団に対し、文部省による報告書「日本における教育改革の進展」を提出した。興味を惹かれるのは、現在、先頭に立って「教育基本法」を「目の敵」にしている文部科学省の前身、文部省がその報告書のなかで教育基本法と社会科の意義を皮肉にも次のように結びつけ、高く評価していることである。

教育改革のこのような根本的・徹底的な改革を、われわれは、教育基本法制定のうちに、具体的に見ることができるであろう。〔中略〕教育基本法においては、日本のルネッサンスを不可能にしていた従来の封建的教育目標の数々が完全に放棄され、国家に奉仕する有用の道具であることに代えて、「人格の完成」が教育上の目的とされる。抽象的全体への滅私奉公が否定されて、「個人の価値を尊ぶこと」が重要な目的とされる。国体〔天皇制〕に随順し、皇国の道に帰一する狂信的選民意識に代って「平和的な国家および社会の形成者として、真理と正義を愛する」こと、また「自主的精神に満ちた」人間の育成が、基本目的として掲げられる。〔中略〕

〔教育基本法制定の意義の第一は〕教育の基本が、初めて法律として、国民代表の自由な審議を経て、民主的に確定されたという形式的手続きの側面において、本法制定の日本教育史上に占める画期的な意義は、まことに深いといわなければならない。

第二に本法制定に関連して記録されなければならないことは、教育勅語の廃止である。〔教育基本法は〕教育勅語に代って日本教育の根源を明示する地位を持つに至った。そして、この事実を国家的に確認し、疑いの余地を残させないためにさらに一九四八年六月、衆参両議院において「教育勅語等の効力排除（失効確認）に関する決議」が決定された。政府はこの決議に基づき学校等に死蔵されていた教育勅語の返還処置をとり、この教育勅語に関する問題は、教育上、こうして完全に終結するに至ったのである。

（加藤西郷・吉岡真佐樹編著『社会・地歴・公民科教育論』
高菅出版、二〇〇二年、四〜五ページから適宜引用）

文部省報告書は、右にみられるように教育基本法を高く評価し、「社会科」創設の意義についても高らかに謳いあげている。

社会科は新しい時代の要求に応じて従来の歴史・地理・公民などの教科を統合するものとして生まれたものである。〔中略〕要するにそれは民主的社会の形成者として望ましい公民的資質を発展させることを目的とするものである。（加藤・吉岡前掲書五ページ）

まさに「社会科」は、六・三・三制（四七年四月発足）において、小学校一年から高校三年までの教育課程において「社会科」という同じ名称で登場し、六・三・三制を支える教科として重要な意を持たせられていたといえよう（加藤・吉岡前掲書六ページ）。この点に関し、当時、教育学界の指導的立場にあった海後宗臣は次のように語っている。

社会科はいうまでもなく戦後教育を代表する教科書として登場したが、その教育課程は戦後教育改革の動向を示す指標をなすものと言える。それは単に戦後に創設された教科であるというにとどまらず、〔戦時中の〕国民学校において臣民形成の中軸として位置づけられていた国民科とは対照的に市民形成の中軸となる教科として位置づけられた。戦後における教育課程の改革は社会科を中心に展開したといっても過言ではないであろう。

（海後宗臣監修、岡野守彦編『戦後日本の教育改革　第七巻　教育課程各論』東京大学出版会、一九六九年。加藤・吉岡前掲書六ページより重引）

ある一つの社会科教科書（『改訂　新しい社会科　中学3年　上』）から

ここでは実際に敗戦後初期の教科書を検討し、当時の「社会科」学習の一端を探ってみよう。検討する教科書は東京書籍の発行する『改訂　新しい社会科　中学3年　上』で、五二年七月文部省検定済、翌五三年二月発行のものである。監修者は、前記の海後、村川堅太郎、鵜飼信成、木内信蔵、尾高邦雄のリベラルな教育・歴史・憲法学者たちである（いずれも東京大学教授ないし助教授）。編集委員には少壮学者であった川田侃・福島新吾・近江谷左馬介各氏らの名が連なっている。表紙タイトルの右下には「民主主義の発展　政治と生活　経済生活の改善」の文字がひときわ目を惹く。

この教科書が発行されたのは、前年四月、日本が占領統治からとかれて、独立を果たした翌年である（沖縄などは依然として米軍の直接支配下におかれた）。他方、東アジアは国共内戦で勝利を収めた中国共産党が中華人民共和国を創建し、朝鮮半島では南北の分断が固定化し、朝鮮民主主義人民共和国が成立していた。東アジアの冷戦体制は深刻化し、五〇年にはついに冷戦体制が火を噴き、朝鮮戦争が勃発した。朝鮮休戦協定締結の五三年まで、日本各地の米軍基地から爆撃機が出撃し、朝鮮半島の人びとの頭上に大量の爆弾が見舞われた。こういうさなかにこの教科書は中学生たちに読まれていたのである。

この教科書の単元は三つに分けられている。第一単元「民主主義はどのように発展してきたか」、第二単元「政治と生活はどのように結びついているか」、第三単元「経済生活の改善には、どのように協力したらよいか」の三つである。

ここではスペースの関係上、最初の単元「民主主義はどのように発展してきたか」に絞ってみよう。導入部分の第一章は、福沢諭吉についての話から始まる。「門閥制度は親のかたきでござる」「天は人の上に人はつくらず、人の下に人はつくらずといえり」など、福沢の有名な言葉を紹介しながら、民主主義の理想が説かれる。

第二章以下はもっぱら欧米に範をとりながら古代から近代にいたるまでの民主主義の原理と発展が説明される。自由・平等・信仰の自由などを説く理論家、実践家など登場する人物はみな欧米人である。

第五章はその名も「アメリカにおける民主主義の誕生」で、アメリカの「民主主義」の発展の歴史が「独立宣言」の起草者トマス・ジェファソン（一七四三～一八二六年）を軸にしながら語られていく。「自由を求める人の気持が、どのようにして民主主義を育てたか」「その最もみごとな一例を、新大陸アメリカに芽をふき、また育った民主主義のうちに見ることができる」と何の留保もなく称讃される。

これを執筆し、編集し、監修した人びとには、先住民族だったいわゆる「インディアン」の人権への視点は一つもみられない。「開拓」精神に富んでいた「アメリカ人」の姿がもっぱら考察の対象である。「たけの高い草、そして森の中やかなたの高地には、インディアンが弓に矢をつがえて待っているのだ。あとから移住してきた人たちは、おのとくわと小銃だけをたよりに、自分の手で森や平原を切りひらいていかねばならない」「いくら寒さや暑さがはげしくても、ほしい日用品がいかにとぼしくても、人々には自由がある。それまで求めても得られなかった自由がある。ほしいものは、苦労しながらでも自分で作る。自分を守るには、自分の力でやる。このようなところに独立の精神が、おのずからたくましく育っていくのは当然のことだ。この人たちが、インディアンに対して自分を守り、交通や生産の便宜をはかって団結する。この場合にも、おのずから自治にたよるほかにみちがない。こうした時に、正しい信仰が彼らの心をささえてくれたとすれば、自分の職業に忠実で勤勉で、自由独立の精神に富んだ人間が、ここに強く成長するのは明らかだ。アメリカの民主主義が森の中で育ったというのは、こういうわけなのだ」というように、一方的に「開拓される側」＝「インディアン」の存在は無視される。

終章の第一二章「自主、独立の精神」では、ふたたび福沢諭吉の『文明論之概略』（一八七五年）が引用されながら「独立自尊」が説かれる。それから十年後、福沢が唱えた有名な「脱亜論」には一言の言及もない。

この教科書の第一単元をみる限り、「日常の民主主義」はみられず、「啓蒙の民主主義」に終始している。欧米で民主主義が鼓吹される陰で、先住民族や黒人たちが搾取・差別・虐殺された側面は触れられない。また国内で民主主義が進展する一方で、アジア・アフリカを侵略し、植民地支配を拡大していった事実にも論及されない。同様に日本や福沢諭吉らが「独立自尊」を唱えつつ、欧米帝国主義を模して、台湾、朝鮮半島、「満州」などを侵略・植民地支配し、帝国主義の道を驀進していった事実にも言及されない。これでは、いわば「戦後版脱亜入欧米」論であり、「啓蒙の民主主義」論といっても過言ではないだろう。なお、付言すれば第一単元は、おじ（教員）とおい（中学三年生）の男同士の問答形式で一貫して展開されており、男性のジェンダー・バイヤスがかかっている。

一九五〇年代前半の日本は、高校への進学率はまだまだ低かったはずである。大半の若者は、中学卒業で社会の荒波に放り出されていた時代である。中学三年生は、荒波に放り込まれる前に、生きる権利としての人権意識を確固たるものとして身に刻みこんで、卒業させられなければならなかったはずである。「啓蒙の民主主義」で教えられた彼女、彼らは自らの人権を打ち立て、守る力を発揮できただろうか。

おわりに

敗戦後の日本の教育改革や社会科の誕生・実践は総体的には評価されるべきである。国家・天皇のための人づくりを否定し、「個人の尊厳」や「教育の機会均等」を高らかに謳った教育基本法はいまなお新しい息吹に満ちている。

しかし、戦後の教育政策・思想や実践にはアジアやマイノリティ、女性の視点などから再検討した場合、欠落点も多いであろう。社会科においても同様なことが指摘できよう。「平和・共生」は、人類のいまなお切実な課題である。「社会科」学習は、歴史の真実を見抜き、平和な地球社会を創造し、現実の不平等・不公正な社会や制度を変革する主体の力を育てる学習である。いまは地球規模で人間の安全保障がおかされ、格差社会がますますはびころうとしている時代である。いまならばいまこそ社会科学習が帯びている使命は大きいといわねばならないだろう。

［初出・『教育と文化』第四一号、二〇〇五年十月］

日韓「女性」共同歴史教材

『ジェンダーの視点からみる日韓近現代史』の編集を終えて

はじめに

二〇〇五年十月、かねてから懸案の日韓「女性」共同歴史教材の刊行にいたった。日本語版の書名は、『ジェンダーの視点からみる日韓近現代史』で、梨の木舎から刊行される。ちなみに韓国語版は『女性の目からみた韓日近現代史』としてハヌルから同時出版される。同書の概要は、次に示す章のタイトルから伺えるであろう。

第一章　日本帝国主義の拡張と「韓国併合」（韓国強占）
第二章　三・一独立運動と社会運動の展開
第三章　日本帝国主義期民衆生活の変化
第四章　戦時動員と日本軍「慰安婦」
第五章　日本敗戦と朝鮮半島分断、朝鮮戦争

第六章　ウーマン・リブと社会運動
第七章　女性運動と女性国際戦犯法廷

このプロジェクトの立ち上げは、四年前の二〇〇一年七月に始まった。新しい歴史教科書をつくる会（つくる会）が、中学校歴史・公民の教科書を編纂し、その年の四月、文部科学省の検定を通過した。このときの「つくる会」教科書の問題点については、本誌（『科学的社会主義』）二〇〇一年八月号に掲載したので省略させていただく（のち拙著『天皇制・「慰安婦」・フェミニズム』インパクト出版会、二〇〇二年、所収）が、「つくる会」教科書の不採択運動を展開するなかで日韓の女性による共同歴史教材の作成をわたくしは強く願った。

　当時、韓国挺身隊問題対策協議会（挺対協）の常任代表であった金允玉《キムユノック》先生が不採択運動の共闘などで度々来日されるのを機として共同教材づくりを提案した。金先生は、韓国に帰り、前の挺対協の共同代表である尹貞玉《ユンジョンオク》先生はじめ関係者と相談され、この年七月に挺対協に付設される「戦争と女性・人権センター」の最初に取り組む事業として、この提案に応じられることになった。日本側は、わたくしも会員である「女性・戦争・人権」学会に相談の結果、賛同を得て、同年十月ソウル・延世大学校での公開シンポジウム・協議会開催にいたった。

　以後、何度もシンポジウムと協議会を日本と韓国で開催しつつ、このたび不十分ながらもようやく刊行にこぎつけたのが『ジェンダーの視点からみる日韓近現代史』である。

一九七六年、韓国への最初の旅で

さて、ここでいささか私的なことを述べるのをお許し願いたい。わたくしは、歴史を勉強するものとして、漠然ながらいつか韓国の女性たちと共同研究をし、共同の著作を上梓するのが夢であった。

学生時代、学内で「朝鮮映画をみる会」を友人たちと開催したり、日韓近現代関係史のささやかな学習グループをもったり、いまだものにはなっていないハングルもかじった。在日の二世の女性たちともいくらか交流をもった。

一九七六年夏には二週間、友人と二人ではじめて韓国を旅した。まだ朴正熙《パクチョンヒ》軍事政権のときである。関釜連絡船で釜山港に着き、急行列車のセマウル号に乗ってソウルに入った。

当時のソウルは今では想像することができないけれども、雨が降ると小学校高学年くらいの子どもたちが駅前などあちこちで傘を売る光景がみられた。物売りをする子どもたちの姿が目立った。

友人の知人の家で「食母《シンモ》」の存在をはじめて知ったのもこのときである。中産階級の知識人女性である、その家を訪ねたときである。韓式家屋の門を叩くと小学校五年生くらいであったろうか、少女が出て来てわたくしたちを案内してくれた。知人の年の離れた妹か親戚の子かしらと思ったが、「食母」と聞かされた。田舎から出て来て主家に住み込みその家の家事を手伝ったりするのが「食母」だという。要するに日本式の古い言葉でいうなら「住み込み女中」である。

いまから思うと、朴政権の「開発独裁」政策のもと、都市では工業化・産業化が急速に進む一方、農村は取り残され、都市と農村・農工間の格差が広がっていたのであろう。くだんの少女も農村のわが家が貧しく「口減らし」のため故郷をあとにして、ソウルに出て辛い「食母」生活を送っていたのではないかといまにして思う。わたくしは彼女の存在に強いショックを受けたものの、その後、深く考えもせずにいたった。

ソウルに二、三日滞在したあと、わたくしたちは高速バスに乗って南下した。途中何度か軍人が乗り込んできて、乗客の審査がおこなわれた。わたくしたち外国人はパスポートの提示を求められた。審査で途中下車させられる韓国人もいた。彼らは降ろされてどうなったのだろうか。

わたくしたちの旅の目的の一つは一八九四年の甲午農民戦争（東学農民戦争）の跡地を訪ねることであった。苛酷な収奪と、日本をはじめ朝鮮侵略を虎視眈々と図る外勢勢力に反対して、農民たちが粗末な武器をとって立ち上がったのが東学農民戦争であった。全羅道は、なかでも東学農民の拠点だった。「緑豆将軍」と慕われた全琫準《チョンボンジュン》率いる古阜《コブ》一帯を歩きながら、その頃の朝鮮民衆に思いを馳せた。

その旅では光州《クワンジュ》や木浦《モッポ》にも足を伸ばした。それからわずか四年後の一九八〇年五月光州民衆抗争が起こり、多くの民衆の血が流されるとは予想もしなかった。

韓国の近現代の歴史は、いうまでもなく植民地統治と分断の歴史である。植民地統治については、わたくしたち日本人は直接の当事者である。わたくしは敗戦後の生まれだが、原罪意識は免れない。この旅でもわたくしはこの思いに囚われていた。植民帝国日本の一員として、わたくしは韓国人から見つめられているという思いに旅の間じゅう離れられなかった。

「分断」については、この旅でその一端をみせつけられた。さきの高速バスでの光景、辻々での「怪しいものをみたら通報を」の類いの立て看板、日本語が巧みな年配の刑事が若手の刑事をともなってわたくしたちの宿舎に来て、訊問されたこと、南北が軍事的に対峙する冷戦体制下で、韓国民はまぎれもなく軍事警察国家の厳しい支配と統制を受けていることを痛感せざるを得なかった。

しかし、その一方で、たくましく生きる女性の姿をあちこちで目にした。市場で物を売るおばさんたちの放つバイタリティー、不条理なことをいわれてかしこまるのではなくて、大柄の男性にも物怖じもせず、はっきりと抗議の意思表示をおこなう女性たちの毅然さに感嘆したものだった。

尹貞玉先生との出会い

一九九〇年三月、わたくしは十四年振りに韓国を再訪した。梨花女子大学校に尹貞玉先生をお訪ねするのがこの旅の大きな目的だった。この年初めに尹先生は『ハンギョレ新聞』に「挺身隊取材記」を発表され、韓国社会に大きな波紋を投じられていた。

わたくしも数年来、いわゆる「従軍慰安婦」問題が気にかかり、手がかりを求めていた。しかし、思うように調査ははかどらない。そこで思い切って先生にお会いするべく、ソウル在住の友人（山下英愛さん）に仲介の労をとってもらい、尹先生にお会いした。先生は一九二五年のお生れで、日本語を強制的に学習させられた世代である。日本語での会話に申し訳ない思いを口にできないまま、先生はあたたかく迎えてくださった。ここでは多くを語れないが、尹貞玉先生との出会いはわたくしの人生にとって僥倖《ぎょうこう》そのものである。

わたくしが韓国を再訪した、この年は「慰安婦」問題が社会的な争点となり、日韓関係においても外交案件として重要課題となった。この年の秋には、「慰安婦」問題の解決をめざす韓国の女性団体の協議体、韓国挺身隊問題対策協議会が結成され、初代会長に尹先生が就任（のち共同代表）し、本格的な取り組みがなされるようになる。挺対協の発足を機に、「慰安婦」問題解決を求める日韓の女性の連帯運動は開始され、取り組まれた。その真ん中には尹先生がいつもどっしりと立っておられたのである（尹先生と挺対協の運動については、尹貞玉著、鈴木裕子編・解説『平和を希求して――「慰安婦」被害者への尊厳回復へのあゆみ』〔発行・白澤社、発売・現代書館、二〇〇三年〕を是非、お読みいただけたら幸いである）。

成果と課題――日韓女性による歴史研究の最初のステップ

巨視的にみるなら、この度の『ジェンダーの視点からみる日韓近現代史』は、この十五年余の日韓の女性による連帯の産物であろう。この間の「慰安婦」問題解決をめざす日韓女性の連帯関係がなかったならば、この本は誕生しなかっただろう。とりわけ尹先生や金允玉先生の力強い支援、熱意が「難産」であった、この本を世に送り出させる支えとなった。

本書の特徴は、何といっても第一に、いままで日本にはほとんど紹介されてこなかった一世紀に及ぶ韓国の女性たちの生と体験、苦闘・運動が丁寧に書き込まれていることである。日本の読者には本書ではじめて知る事実も少なくないであろう。

日本統治下の朝鮮において、植民地の女性としてどう生きたのか、どう生かさせられたのか、その「象徴」に「慰安婦」にさせられた女性を本書のなかから見いだすのは困難なことではあるまい。

第二の特徴として、七章のうち三章が現代史で占められ、「分断時代」の韓国女性運動が躍動的に描かれている点である。韓国においての「民主化」が文字通り、学生・労働者・市民たちの血と汗のうちに獲得されたようすが生き生きと叙述されているのが特徴である。

このたびの共同教材づくりを経てわたくしたちが得たものは少なくはない。とはいえ、日韓共同の女性の歴史研究は、これが最初であって終わりではないだろう。

日本の近現代女性史を専攻するわたくしにとっては、なおさらこの思いが強い。これを最初のステップとして日韓近現代女性史の共同研究、切磋琢磨が大切と思われる。

率直にいって日本近現代女性史研究においては、いまだに「一国主義的傾向」が主流を占めているように思われる。そのような傾向に対し、反省や批判も始まっているが、まだ十分ではあるまい。日本帝国主義やコロニアリズム（植民地主義）の陥穽にはまり、植民地や占領地の女性の問題に向き合わず、通り過ぎていった日本女性の歴史は過去にはなっていまい。ならばこそいっそうわたくしたちは植民された立場、占領された立場に立とうとする「新しい女性史の視点」で歴史を研究し、再検証していくことが大切なのではあるまいか。

［初出・『科学的社会主義』二〇〇五年十月号］

あとがき

本書は二〇〇二年、インパクト出版会から刊行された拙著『天皇制・「慰安婦」・フェミニズム』の、いわば続編に当たります。前著でも「女帝＝女性天皇論とフェミニズム」に一章あてましたが、わたくしの天皇制に対するスタンスは前著を著したときから基本的に変わっていません。

今年の九月に秋篠宮一家に男児が誕生すると、それまでの「女性天皇」論が一挙にしぼみ、「男系男子」こそ「古来」からの「皇統」の「伝統」だと声高に叫ぶ勢力が大手を振ってきました。「男系男子＝皇統の伝統」だとし、敗戦直後に「臣籍降下」した旧宮家をも復活させて、「皇統の伝統」のさらなる保持を図るとかいう、超党派の国会議員の連盟も発足しました。わたくしは、この議連をひそかに「男権男子議連」と呼んでいます。

今年に入って、右のような天皇家をめぐる「喧騒」を横目に見ながら、天皇家・天皇制度こそ、女性差別の最たるものという思念をいよいよ深めました。

今年は、金子文子（一九〇三～一九二六年）という女性が獄中で自死してちょうど八十年を迎えました。文子は「絶対平等」の視点から見事な天皇制反対論を展開しています。その一節を左に引用します。

「私はかねて人間の平等ということを深く考えております。……すべての人間は完全に平等であり、したがってすべての人間は人間であるという、ただ一つの資格によって人間としての生活の権利を完全に、かつ平等に享受すべき……もともと国家とか社会とか民族とか君主とかいうものは、一つの概念に過ぎない。ところがこの概念の君主に尊厳と権力と神聖とを付与せんがために、ねじ上げたところの代表的なものは、この日本に現在行われているところの神授君権説であります。……架空的に捏造した伝説に根拠して、鏡だとか刀だとか玉だとかいうものを神の授けたものとして祭り上げてしかつめらしい礼拝を捧げて、完全に一般民衆を欺瞞している」

わたくしは、この訊問調書のなかの金子文子の文章を当時の女性たちが直接接していたなら、と叶わぬことながら夢想せざるを得ません。というのは日本の主流的フェミニズム・フェミニストは「戦時」においてすっぽり「天皇翼賛」に嵌り、戦争遂行の先頭に立って、庶民の女性たちを叱咤激励し続けた歴史があるからです。

わたくしは文子を天皇制反対の絶対平等主義の「フェミニスト」の先覚者とみています（その理由について詳しく述べるスペースはありません。本書とは姉妹編ともいうべき、拙編著の『金子文子　わたしはわたし自身を生きる』梨の木舎、二〇〇六年、などをご覧いただけたら幸いです）。フェミニストたちが文子の言説をもし胸に深く刻み込んでいたなら、あのようにたやすく「天皇幻想」に囚われていったただろうか、と想像をもしてみます。

本書では、高良とみさんの場合を取り上げましたが、本文のなかでも論及していますように高良さん個人を貶める意図はわたくしには毛頭ありません。「戦時」期の一女性知識人・指導的立場――しかもかつては平和志向の、敗戦後は、平和運動に献身したという――にあった人を通して、現在の「戦争」へと向う危機の時代を生きるわたくしたちへの「教訓」として論じています。下手をするとわたくし（わたくしたち）自身も高良とみさんたちが嵌った陥穽に陥りかねない状況があるだけになおさらその思いは強くあります。

天皇制は女性差別の装置であると同時に、階級差別や民族差別、部落差別などの根源でありながら、「一君万民」の欺瞞的なイデオロギーを振りかざすことによって、差別そのものの存在を隠蔽してきました。金子文子流にいうならまさに「民衆を欺瞞」する装置として働き続けてきたのです。そこには建前とは裏腹に「他民族」蔑視と、「自民族」優越感がセットになって絡まっています。過ぐるアジア太平洋戦争でもこの、いわば天皇を唯一絶対の「現人神」と仰ぐ「天皇教」ともいうべきイデオロギー操作や、装置によって日本軍兵士は洗脳され、他民族民衆を人間とは思わぬ感性を刷り込まされ、残虐行為へと駆り立てました。

この戦争は多くのアジアの民衆を殺傷した侵略戦争であったことを、いまだに認めぬ政治家や言論人や勢力がますます幅を利かす時代になりつつあり、再び日本の民衆はそのデマゴギーに瞞着されるのではなかろうかの感が否めません。わたくしたち一人ひとりが「歴史の事実」を正面から直視すること、若い世代にしっかりと伝えていくことの大切さをいまこそ実感せざるを得ません。

さて、いわゆる「従軍慰安婦」とされた被害女性たちは、性差別はもとより、以上に述べたような天皇の軍隊が生み出した戦争の最たる犠牲者といえましょう。それにもかかわらず彼女たちに対して、日本政府はいまにいたるもいっさいの「公的責任」を履行していません。そこには日本の「戦争責任」を曖昧にしてきた日本の市民の歴史認識も問われねばならないでしょう。

侵略戦争の最高責任者を逆に「平和主義者」であるとし、「国体護持」を図った支配エリートとマスメディアが一体となって、敗戦直前から「歴史」を歪曲し、「平和愛好」神話を振りまきました。歴史を歪曲した側の責任も大きいと思いますが、その「歴史修正主義」をまんまと信じ、受容してきた市民の歴史認識もあらためて検証されるべきだと思います。

本書は以上のような問題関心をもって、一書に纏めたものです。東アジアにおける平和構築と未来の世代への責任をも、読者の皆さまとともに共有できたら心強い限りに存じます。

本書の上梓に当たっては、多くの方がたのご厚意を頂戴しています。また転載を快くお許しいただいた関係各位に感謝します。

なお、本文中には、故人となられた方には原則として敬称を省略させていただいております。初出時の誤記・誤植は直し、大幅な重複はできるだけ削除し、一部修正したものもあります。

最後になりましたが、出版状況の厳しいなか、本書の刊行に踏み切ってくださったインパクト出版会の社長・深田卓さん、すみやかに編集作業を進めてくださった編集部の須藤久美子さんに心から感謝いたします。

二〇〇六年十二月八日

鈴木 裕子

著者
鈴木 裕子（すずき・ゆうこ）
1949年東京生まれ。早稲田大学大学院文学研究科日本史学専攻修了。
女性史・社会運動史研究。東京経済大学講師。

編著書
『広島県女性運動史』『水平線をめざす女たち』
『葦笛のうた　足立・女の歴史』（以上ドメス出版）
『山川菊栄集〈全10巻・別巻1〉』『山川菊栄女性解放論集〈全3巻〉』
『山川菊栄評論集』『昭和の女性史』『朝鮮人従軍慰安婦』（以上岩波書店）
『岸田俊子評論集〈湘煙選集1〉』『岸田俊子文学集〈湘煙選集2〉』
『岸田俊子研究文献目録〈湘煙選集4〉』『資料平民社の女たち』
『日本女性運動資料集成〈全10巻・別巻1〉』（以上不二出版）
『フェミニズムと戦争』（マルジュ社）
『女工と労働争議』『女性と労働組合〈上〉』（以上れんが書房新社）
『女・天皇制・戦争』『おんな・核・エコロジー』（以上オリジン出版センター）
『堺利彦女性論集』（三一書房）
『女性　反逆と革命と抵抗と』（社会評論社）
『山川菊栄　人と思想〈戦前篇・戦後篇〉』『自由に考え、自由に学ぶ　山川菊栄の生涯』
（以上労働大学）
『フェミニズムと朝鮮』『日本軍「慰安婦」関係資料集成〈上・下〉』（以上明石書店）
『女性史を拓く〈1・2・3・4〉』『従軍慰安婦・内鮮結婚』『「従軍慰安婦」問題と性暴力』
『女たちの戦後労働運動史』『戦争責任とジェンダー』（以上未来社）
『天皇制・「慰安婦」・フェミニズム』（インパクト出版会）
『金子文子　わたしはわたし自身を生きる』（梨の木舎）

フェミニズム・天皇制・歴史認識

2006年12月25日　第1刷発行

著　者　鈴木裕子
発行人　深田卓
装幀者　田邊恵里香
発　行　株式会社 インパクト出版会
東京都文京区本郷2-5-11　服部ビル
Tel 03-3818-7576　Fax 03-3818-8676
E-mail impact@jca.apc.org
ホームページ　http://www.jca.apc.org/~impact/
郵便振替　00110-9-83148

印刷・製本　シナノ

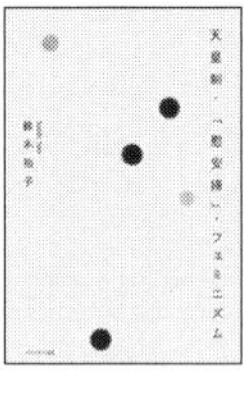

天皇制・「慰安婦」・フェミニズム

鈴木裕子［著］2000円＋税　02年9月発行

女性天皇で男女平等ってホント!?　隠されていた天皇・天皇制の罪を「慰安婦」問題を問う視点からいまここに炙り出す。第１章　女帝論とフェミニズム／第２章　「慰安婦」問題と天皇制／第３章　「慰安婦」問題の十年／第４章　女性国際戦犯法廷／終章　「女性」の視点からいまを問う

たたかう女性学へ　山川菊栄賞の歩み 1981―2000

山川菊栄記念会［編］2800円＋税　00年11月発行

山川菊栄に始まる、底辺女性の視座から性差別社会に切り込む研究は、半世紀後の今日に脈々と潮流をなしている。フェミニズムの視点に立って女性の経験を掘り起こし、女性差別の現実を抉り出す山川菊栄賞受賞の諸研究を収載。歴代山川菊栄賞受賞者スピーチ、シンポジウム・現代フェミニズムと山川菊栄、連続講座・いま《山川菊栄》を読む、他収録。

〈侵略＝差別〉の彼方へ

あるフェミニストの半生

飯島愛子［著］2300円＋税　06年6月発行

70年代リブ、日本における第二波フェミニズムをひらいた「侵略＝差別と闘うアジア婦人会議」の理論的支柱であった故・飯島愛子。その半生記と主要論文を網羅。解説・加納実紀代、年譜・石塚友子

侵略＝差別と闘うアジア婦人会議資料集成

侵略＝差別と闘うアジア婦人会議資料集刊行会［編］　解説・森川侑子
３冊セット・箱入り　Ｂ５判並製・総頁数1,142頁
38,000円＋税（分売不可）06年6月発行

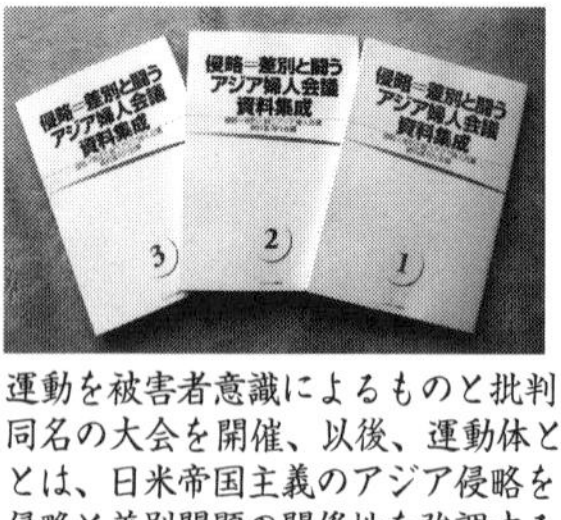

リブ・フェミニズム運動史研究に不可欠な「侵略＝差別と闘うアジア婦人会議」パンフレット全20点を完全復刻。

【侵略＝差別と闘うアジア婦人会議とは】
1970年代、ウーマン・リブと同時期に女性に新しい地平を拓いた運動体。／60年代後半のヴェトナム反戦運動、大学闘争、反公害運動の流れの中で、松岡洋子らはそれまでの女性運動を被害者意識によるものと批判し、国境を越える連帯を目指して、70年８月同名の大会を開催、以後、運動体として継続した。／名称にある「侵略＝差別」とは、日米帝国主義のアジア侵略を「私たち（＝日本女性）への侵略として捉え、侵略と差別問題の関係性を強調するため、同会議の中心にいた飯島愛子は、階級闘争にあとに続く女性解放ではなく、男への同化でもない女性解放を目指すという「女の論理」を打ち出した。（『岩波女性学事典』重松セツ執筆より）